本书获广东省“211工程”三期重点学科建设项目“应急管理理论与实务”基金资助

应急管理理论与实务丛书

应急仓库建设
与物流困境案例

主　编　左小德
副主编　黎　红　庆艳华

暨南大学出版社
JINAN UNIVERSITY PRESS
中国·广州

图书在版编目（CIP）数据

应急仓库建设与物流困境案例/左小德主编；黎红，庆艳华副主编．—广州：暨南大学出版社，2012.6

（应急管理理论与实务丛书）

ISBN 978-7-5668-0136-4

Ⅰ.①应… Ⅱ.①左… ②黎… ③庆… Ⅲ.①仓库管理—案例②物流—物资管理—案例 Ⅳ.①F25

中国版本图书馆 CIP 数据核字（2012）第 041706 号

出版发行：暨南大学出版社

地　址：中国广州暨南大学
电　话：总编室（8620）85221601
　　　　营销部（8620）85225284　85228291　85228292（邮购）
传　真：（8620）85221583（办公室）　85223774（营销部）
邮　编：510630
网　址：http：//www.jnupress.com　http：//press.jnu.edu.cn

排　版：广州市天河星辰文化发展部照排中心
印　刷：佛山市浩文彩色印刷有限公司

开　本：787mm×960mm　1/16
印　张：12
字　数：240 千
版　次：2012 年 6 月第 1 版
印　次：2012 年 6 月第 1 次
印　数：1—2000 册

定　价：26.00 元

总　序

我国正处在社会转型与体制转轨、机遇与风险并存的社会高风险期，加上各种自然灾害与人为事故纠结在一起，在社会急速变化的过程中，各类公共危机问题被迅速地集中和放大，蕴涵着不可忽视的各类风险。金融、环境、信息、流行疾病、民族分裂主义、自然灾害等非传统安全因素已成为威胁国家安全的组成部分，这些非传统安全危机深刻地考验着中国政府的执政能力。面对非传统安全危机，加强执政能力建设，趋利避害，化解风险，已成为中国政府长期面临的重要课题。从 2006 年 1 月国务院颁布《国家突发公共事件总体应急预案》起，就意味着战略性地应对公共危机已被擢升至国家高度。

“突发公共事件”是指突然发生，造成或者可能造成重大人员伤亡、财产损失、生态环境破坏和严重社会危害，危及公共安全的紧急事件。随着各国社会经济的快速发展，各类突发公共事件的危害日益突显。突发公共事件主要分为自然灾害、事故灾难、公共卫生事件、社会安全事件四类；按照其性质、严重程度、可控性和影响范围等因素分成四级，特别重大的是Ⅰ级，重大的是Ⅱ级，较大的是Ⅲ级，一般的是Ⅳ级。一国政府应对突发公共事件的能力已经成为评价其执政、施政能力的重要绩效标准。

北京大学丁元竹教授曾把中国社会的风险归结为十个方面：就业、“三农”、金融、贫富差距、生态与资源、台湾、全球化、国内治理危机、信心和诚信、艾滋病和公共卫生。

这是当代后发展国家现代化、城市化荆棘之路的共性，也是正在进行追赶型、跨越式发展的中国社会不得不面对与思考的问题。能源安全、环境安全、生态安全、金融安全、网络安全、信息安全、卫生安全、文化安全等涉及社会生活的多个领域，具有隐蔽性、危险性、突发性和非确定性的特点。进入 21 世纪以来，各种自然灾害、事故灾难、公共卫生事件、社会安全事件等频频发生，往往使国家遭受严重损失。研究社会转型期各类重大的突发公共事件和社会经济风险与自然条件状态下的各种自然灾害及次生灾害所带来的应急管理问题，提高突发公共事件应急管理能力成为政府不可回避且具有刻不容缓意义的现实课题。

中央综治办主任陈冀平曾指出，从目前的社会形势看，新的社会矛盾将不断产生，原有的一些社会矛盾可能随之凸显，并呈现出经济领域的新矛盾与其他领域的矛盾相互影响、相互作用的局面，主要表现为涉及农村土地征用、城镇房屋拆迁、国有企业改革、部分军队退役人员等方面的信访问题仍然十分突出，非法集资、股市房市受损、高校毕业生就业、医疗、养老、环境污染、城市公共服务与管理等诱发群体性事件的因素也正在增多。由经济纠纷引发的暴力讨债、绑架、哄抢等“民转刑”案件可能更加突出，流动人口犯罪、多发性侵权犯罪和非法集资等涉众型经济犯罪可能更加突出，城市社会治安问题向农村蔓延扩散的趋势可能更加突出，尤其是个人极端事件有可能进一步增多，治安问题的敏感性将会进一步增强，一起普通的刑事案件或治安案件有可能转变为社会热点问题，甚至诱发其他矛盾和问题。

近50年来，世界经济发展步伐加快，在石化能源体系支撑下的高碳工业，形成了火电、石化、钢铁、建材、有色金属等工业，并由此衍生出汽车、船舶、航空、机械、电子、化工、建筑等行业。气候变化主要是由人为活动排放的二氧化碳、甲烷、氧化亚氮等温室气体造成的。全球变暖的后果是冰川融化、海平面上升、生态系统退化和自然灾害频发。从企业应急管理和长远视角来看，企业外部市场变幻莫测，内部管理与控制日趋复杂。外部风险包括市场风险、竞争风险；内部风险则包括品牌风险、战略风险、文化风险、团队风险、领导人风险、财税风险、舆论风险、法律风险和技术风险等。

马凯在《求是》杂志中撰文指出：我国正处于工业化、城镇化快速发展时期，各种传统的和非传统的、自然的和社会的风险、矛盾交织并存，公共安全和应急管理工作面临的形势更加严峻。归纳起来，应急管理面临的态势包括四个方面：一是自然灾害处于频发期。我国是世界上自然灾害最为严重的国家之一，灾害往往具有种类多、分布地域广、发生频率高、造成损失重等特点。特别是近年来，极端气候事件频发，中、强地震呈活跃态势，自然灾害及其衍生、次生灾害的突发性和危害性进一步加重、加大。二是安全生产形势严峻。我国经济发展较快，能源、资源、运输供给长期偏紧，再加上安全生产基础薄弱，一些地方和企业责任不落实、监管不到位，生产安全事故发生率居高不下，重、特大事故时有发生。三是公共卫生事件防控难度增大。公共卫生事件的诱因和影响都呈较强的国际性特点，全球新发的三十多种传染病已有半数在我国出现，重、特大疫情和群体性不明原因疾病时有发生。随着人口流动量的加大和流动速度的加快，疾病的防控难度加大，造成的损失更加严重。而在食品、药品生产经营中市场秩序混乱、源头污染严重、监管力量薄弱等问题尚未得到根本解决。四是社会安全面临新的挑战。

我国改革发展进入关键阶段，各种利益关系错综复杂，国家安全面临的形势更加复杂严峻，维护社会稳定的任务更加艰巨。对当前国际金融危机造成的重大影响和可能引发的各类突发公共事件，我们要有充分的准备。2008 年 3 月 14 日，少数不法分子在西藏拉萨制造了打砸抢烧暴力事件，烧死或杀死藏汉群众 18 人，给当地人民群众生命和财产安全造成重大损失。之后，2009 年乌鲁木齐“7·5”打砸抢烧严重暴力犯罪事件又造成 197 人死亡，其中绝大多数是无辜群众。这场打砸抢烧暴力事件的发生，是由以热比娅为首的境外敌对势力和境内极少数人极力炒作广东韶关旭日玩具厂群殴事件，把一个一般的治安案件说成民族事件，从而极力煽动民族仇恨所致的。虎年春节期间，山西省的晋中、太原、吕梁、长治、晋城、阳泉等地区，到处都是地震将发的议论，一场大规模的群众恐慌在山西蔓延。2010 年 2 月 20 日晚至 21 日凌晨，许多山西人离家，躲避在广场、公园等地，夜不归宿，甚至开车逃往外乡。造谣人利用网络传播大地震谣言，而政府机构最初也处于一片迷乱中，直到 21 日早晨，山西省政府及各地区地震部门通过媒体及移动通信转达了政府公告，称群众这次避震行动是为谣言所惑，要广大群众安心。诸如此类的民生事件，实则是 2007 年哈尔滨水污染事件中短信传播哈尔滨要大地震的翻版，对于非常事件与突发事件，应该由民调机构和覆盖面广的大众媒体联合发布官方信息，以正视听。

应急管理是指政府及其他公共机构在突发公共事件的事前预防、事发应对、事中处置和善后管理过程中，通过建立必要的应急机制，采取一系列必要措施，以保障公众生命和财产安全，促进社会和谐、健康发展的有关活动。佐治亚州州立大学著名应急管理学家威廉·L. 沃认为：“应急管理就是对风险进行管理，以使社会能够与环境或技术危险要素共存，并应对环境、技术危险要素所导致的灾害。”应急管理是对突发公共事件的全过程管理，根据突发公共事件的预警、发生、缓解和善后四个发展阶段，应急管理可分为预测预警、识别控制、紧急处置和善后管理四个环节。应急管理又是一个动态管理，包括预防、准备、响应和恢复四个阶段，均体现在管理突发公共事件的各个环节。

应急管理是一个完整的系统工程，可以概括为“一案三制”，即突发公共事件应急预案，应急机制、体制和法制。以政府应急管理为主线，围绕政府应急管理决策层次、技术管理层次、社会动员与响应机制等层次展开研究，达到在紧急状态下各行为主体凝聚人心、从容应对、缓解危机、减少缺失的效果。政府危机管理即政府在公共危机事件发生之前、发展过程之中和后危机时期，为减少和消除危机造成的危害和损失，根据危机管理计划和程序而对危机直接采取的对策及管理措施。政府应急管理是在政府常态型危机管理基础上的紧急状态的管理，各种信息资源、物质资源、人力资源如何高效配置与有效运筹，如何防止灾害的蔓延与次生灾害的扩大等，均是政府应急管理在紧急状态下需要解决的关键问题。我国正处于经济体制和经济增长方式双重转轨的特殊时期，存在着诱发公共危机的潜在的制度及非制度因素。高度重视公共危机管理、建立公共危机的预警机制和政府干预公共危机体系尤为必要。应急管理的基础是常规性政府危机管理，只有基础性工作常抓不懈，才能在紧急状态下临危不乱。

发达国家十分重视突发公共事件应急管理的研究，其研究范围覆盖了灾害或危机产生、发展、消亡的整个过程。日本是较早开展城市应急管理研究的国家，研究的领域和能力不断拓展，研究的水平处于世界前列。美国也在“9·11”事件发生后，组建了部级的美国国土安全部（DHS），标志着美国国家级突发公共事件应急管理体系从“综合应急管理”提升到“国家安全应急管理”的高度。相关国际组织也非常重视突发公共事件应急管理。联合国第二届世界减灾大会发表的《兵库宣言》要求各国将防灾减灾、保障国民生命和财产安全“作为国家的第一责任”，并将“确保减灾成为各国政府部门的工作重心之一”列为《兵库行动框架》（2005—2015 年）提出的五个行动重点之一。世界各国的政府部门、学术团体和专门机构已经开始从事各种针对突发事件的预防、监测、预报、识别、测定、控制、应急预案制定、事发时的快速反应及救灾、灾后的快速评估与重建的研究。

美国的乔治·华盛顿大学、马里兰大学、北达科他州立大学和加拿大的尼亚加拉学院等国外大学，在一些领域均有较为系统的研究，包括危机与应急管理，流行病及预防医学，危机和应急管理中的信息技术、自然、技术危害以及恐怖袭击之风险管理，大规模恐怖行动的预防和反应，危机管理、灾后重建以及组织持续，减灾管理，健康与医疗应急管理。上述研究系统地对政府层面与技术层面的公共危机与应急管理技术提供了强有力的理论指导。

公共危机与突发事件已成为构建和谐社会和可持续发展的重要隐患，越来越引起社会各界对如何有效应对突发事件、妥善预防和处理危机的高度重视。2006 年 1 月国务院颁布《国家突发公共事件总体应急预案》象征着从战略上应对公共危机已被提升至国家高度。中央进一步明确提出，要建立健全社会预警体系，提高保障公共安全和处置突发事件的能力。2007 年 8 月，全国人大常委会通过了《中华人民共和国突发事件应对法》。汪永清、莫于川、韩大元等学者对该法进行了解释。一些学者则比较研究了国外紧急状态下的法律制度，如徐高、莫纪宏等。目前，我国的研究基本上处于介绍国外经验，对我国应急管理存在的问题及对策等事实进行描述和提出对策措施的以研究为主的阶段，而上升到法理以及制度比较的研究尚欠深入，难以为应急管理的依法行政提供充分的理论支持。另外，对危机处理研究较多，对事后重建和救济研究较少，不利于依法规范政府行政行为，实现缓解公众利益和私人利益的矛盾、维护社会稳定的目的。

关于灾害及突发公共事件应急工程的研究国内外已经积累了大量的研究成果。从第一个应急管理国际组织——国际应急管理工程协会诞生之日起，各类研究成果层出不穷。这些成果几乎囊括了火灾、地震灾害、矿井塌陷、核泄漏事故灾难等具体灾害/危机的各领域。我国从20世纪80年代末开始创建许多研究学报和学术期刊，如《自然灾害学报》、《环境污染与防治》、《环境卫生工程》、《中国环境管理》、《中国减灾》等，针对我国自然灾害以及事故灾难的防灾减灾研究已经较为深入，目前国内较为集中的研究主要体现在城市灾害应急与管理，区域应急管理实务预案、演练及绩效，突发事件应急管理，现代城市公共安全应急管理，领导干部预防和处置突发公共事件实用指南与案例分析，公共危机与管理，国家与政府的危机管理，灾难性事故与事件应急处置，城市安全学，政府应急管理实务，中央和大城市政府应急机制建设，灾害应急处置与综合减灾，地震应急等研究领域。

政府应急管理和企业应急管理均需要建立应急管理综合平台和预案建设，运筹帷幄，才能在非常态情景下保持临危不乱，但是无论国内还是国外，对于突发公共事件的研究普遍侧重于技术和具体方法应用的应急工程研究，并形成了一类特殊的管理理论与方法——应急管理，而蕴涵其中的基础科学问题研究还没有得到广泛关注。这样，构成了面向突发公共事件的应急管理和应急工程两个紧密结合、相辅相成的研究层面。其中，应急管理中的科学问题研究是应急工程问题研究的基础，而后者又是在前者指导下的实践。

从2008年暨南大学获教育部批准在全国率先招收应急管理本科生并成立全国首家应急管理学院，到2009年广东省“211工程”三期重点学科建设项目“应急管理理论与实务”正式立项，再到暨南大学应急管理研究中心成立并成为广东省高校重点人文社科研究基地，得到了广东省政府、省政府应急办的大力支持和社会各界的广泛关注，我们深感责任的重大与使命的神圣。应急管理属于新型交叉管理学科，“211工程”三期重点学科建设项目共设置了二十余个选题，从政治、经济、管理、公共卫生、新闻处置、社区与区域合作、应急管理史、应急管理平台等领域进行研究，试图对完善中国应急管理理论作出富有成效的尝试，也期盼对中国应急管理工作有所指导与借鉴。丛书的出版难免存在这样或那样的疏漏，期待读者给予批评指正。

暨南大学应急管理研究中心　暨南大学应急管理学院

广东省“211 工程”三期重点学科建设项目

应急管理理论与实务丛书编辑委员会

2011 年 1 月

前　言

《应急仓库建设与物流困境案例》针对应急仓库的特点，总结其分类和构成，介绍应急物资储备体系、应急仓库建设整体布局规划及选址、关键设备选用、应急仓库的作业管理、库存货品的保管与养护、盘点作业管理、仓库的成本管理、安全管理、预案管理及应急物流的协调和信息技术的应用等内容，并选取多个典型的物流困境案例，以期对应急仓库建设与物流困境现状进行全面阐述。

“应急管理理论与实务”是暨南大学“211 工程”三期重点学科建设项目，在该项目的资助下，《应急仓库建设与物流困境案例》由暨南大学管理学院左小德教授任主编，广东科贸职业学院高级工程师、暨南大学企业管理系在职博士生黎红及暨南大学企业管理系博士生庆艳华任副主编组织编写，其中，黎红主要编写了第一章和第六章，庆艳华编写了第五章以及第六章的案例，暨南大学管理学院的硕士生陈丹霞参与了第二章、第四章的编写，甄珍、陈丹霞、刘文英参与了第三章的编写，另外，左小德、刘文英、林鼎鼎参与了以上各章的部分编写。

编　者

2012 年 2 月

目　录

第一章　应急仓库概述

阅读材料 1.1

联合国世界粮食计划署在马来西亚设立应急仓库

联合国世界粮食计划署 2010 年 2 月 25 日与马来西亚政府在吉隆坡签署协议，计划在马来西亚设立联合国人道主义应急仓库，以便当亚洲乃至太平洋地区发生自然灾害时能及时提供紧急人道主义援助。根据协议，应急仓库设立在马来西亚首都吉隆坡附近的雪兰莪州梳邦空军基地，占地面积 1.2 万平方千米。马来西亚政府投入 1 700 万林吉特（约合 486 万美元）建设仓库基础设施，并每年为仓库运营提供 100 万美元资金。

马来西亚外交部当天发表新闻公告称，马来西亚同意联合国人道主义应急仓库设在马来西亚，是马来西亚致力于承担人道主义援助义务的一个具体例证，同时也表明马来西亚愿意在地区人道主义援助方面发挥积极作用。

世界粮食计划署当天在吉隆坡发表声明称，这是继意大利、阿拉伯联合酋长国、巴拿马和加纳之后，该机构在全球设立的第五个人道主义应急仓库。应急仓库的主要职能是在发生人道主义危机后 48 小时内，向事发地区运送人道主义救援物资，并向联合国和其他机构提供后勤支持。

（资料来源：熊平．联合国世界粮食计划署在马来西亚设立应急仓库［EB/OL］．新华网，2010－02－26.）

应急仓库是应急物流的重要组成部分。应急物流是指以提供重大疫情、严重自然灾害、军事冲突等突发事件所需应急物资为目的，以追求时间效益最大化和灾害损失最小化为目标的特殊物流活动。近十年来我国先后爆发了洪灾、“非典”、禽流感、台风、矿难、水污染、雪灾以及地震等重、特大社会突发公共事件，造成了巨大的人员伤亡和财产损失。实践证明，应急物流在应对突发事件中发挥了巨大作用，为处置行动、灾后重建提供了强有力的物质保证。

应急物流体系既从属于应急管理体系，又从属于国家物流体系，是一个复杂的系统，涉及政府、行业组织、物流企业等不同层次、不同系统的机构，也涉及采购、仓储、运输、配送等不同功能环节，还涉及信息、法规、人才、理论、技术等不同的组成要素。

应急管理理论认为，突发事件可分为潜伏期、发展期、爆发期和痊愈期四个阶段。应急物流的运作流程是：在突发事件潜伏期做好各种准备，在发展期启动应急物流，在爆发期和痊愈期真正运作，体现价值。应急行动大致可分为实施抢救的现场救援活动和实施物资保障的物流活动，国家实力不会自动地转化为抗灾救灾实力，应急物资必须经过包装加工、组配、储存、分发等多个环节，通过物流这种桥梁作用，才能不间断地供给现场救援。

应急物流也包括采集、运输、储存、装卸、搬运、包装、配送等物流环节。相比之下，普通物流既强调物流的效率，又强调物流的效益，而应急物流在许多情况下是通过物流效率的实现来完成其物流效益的实现的。

应急物资是指在突发事件发生前用于控制突发事件发生，或突发事件发生后用于疏散、抢险、抢救等应急救援的工具、设备、器材、装备等一切相关物资。广义的应急物资包括防灾、救灾、恢复等环节所需要的各种应急保障资源；狭义的应急物资仅指灾害管理所需要的各种物资保障。

仓库是存放、保管储存物品的建筑物和场地，可以为房屋建筑、大型容器、洞穴或者特定的场地等，具有存放和保护物品的功能。它服务于生产商、商品供应商、物流组织，仓库通常邻近码头、火车站、机场等。仓储是根据市场和客户的要求，为确保货物无损耗、变质和丢失，为调节生产、销售和消费活动以及确保社会生产生活的连续性，而在仓库内对原材料等货物进行储存、保管、保养、维护、供给的一系列作业活动。

应急物资的储存和储备是应急物流的主要环节，存放应急物资的仓库称为“应急仓库”。在应急物资征用与集中，应急物资的保管、送达、分拣和分发、回收、处理、再储存等环节中，仓储体系起着至关重要的作用。

第一节 应急仓库的发展

“积谷防饥”是中国古代的一句警世名言，指的是将丰年的粮食储存起来以防歉年之虞。可见，中国历史上有着优良的粮食储备传统和比较完善的粮食储备制度，应急仓库的设立历史悠久。

中国是个自然灾害发生频次多、危害严重的国家。中国又是一个农业大国，历史上各朝各代都推行发展农业的措施，农业的发展保证了粮食的储存。粮食储备是抗灾救灾的重要保障之一。史前时期古人就重视粮食储备；夏商周时期建立了粮食储备制度，并且夏朝就有了仓储制度；春秋战国时期仓储制度更加完善；

汉唐时期仓储建设达到一定的水平，隋朝政府在各地修建了许多粮仓，其中著名的有兴洛仓、回洛仓、常平仓、黎阳仓、广通仓等，存储粮食皆在百万石以上；宋元明清时期的仓储制度又有所发展；民国时期，1931 年发生江淮大水，经南京政府多年努力，各省才建立了较完善的储粮制度，建有国立储备仓、省立储备仓、县仓和乡仓。

目前我国已建立了救灾储备物资管理制度，在全国构建了救灾储备仓储网络。1998 年张北地震后，全国建立了救灾物资储备制度。目前已设立了天津、沈阳、哈尔滨、合肥、郑州、武汉、长沙、南宁、成都和西安 10 个中央级应急物资储备仓库，在多次严重自然灾害救灾中发挥了重大作用。

在应急物流方面，美国是较早开始研究的。应急物流最初与军事物流紧密相连。“二战”结束后，美国学者研究了美国的战争后勤供给，如 Ruppenthal, Roland, Caviggia, John, Max Hermansen 等。我国的应急物流研究起步较晚。2003 年“非典”暴发后的封锁引起生活必需品的后勤供应不足，应急物流研究开始受到重视，“非典”过后，国家应急体系建立。

美国、英国、法国应急物流体系的成功之处主要在于其专业化和系统性。专业化主要体现在其人员配备的专业性以及应急部门设置的专业化方面，系统性主要体现在将整个救灾过程当作一个系统工程来考量，具备较为完善的应急物流体系，以及在救灾过程中各子系统间较高的衔接度。

美国在联邦应急管理署（FEMA）设有物流管理的专门单位，平时主要负责救灾物资储备的管理、预测各级各类救灾物资需求、规划救灾物资配送路线，并进行救灾物流中心设置等工作。在国际救灾方面，美国设有对外灾害援助办公室（OFDA），负责处理各种紧急事务。目前 OFDA 在世界范围内设有 7 个应急仓库，这些仓库紧靠机场、海港，储备基本的救灾物资。

在应急物流的储备环节，我国目前设立有 10 个中央级应急物资储备仓库，但现有的 10 个中央级应急物资储备仓库因建设资金不足，仓库的容量及标准都不高，仓库的建设及配套设施不完善。各地特别是中西部贫困多灾地区，地方财政困难较大，对救灾投入不多，救灾物资仓库建设缓慢。我国应急物资储备还存在着中央储备库布局不合理、规模小、数量不足、仓储设施落后、储备资金不足等问题。

第二节　应急仓库的特点

灾害发生后，短时间内就需要大量的物资，从救灾专用设备、医疗设备、通信设备到生活用品，支出的物流成本是巨大的，这对应急物资的储备提出了较高的要求，因为应急物资储备水平直接关系到对各种突发事件的控制效果，可避免灾难扩大，使损失最小化。

目前理论界经常引用应急物流的如下四个特点：突发性、不确定性、弱经济性和非常规性。还有许多学者提出了自己的认识，认为应急物流的一般特点包括非预见性、需求的急迫性与多样性、政府与市场的共同参与性、应急物流供应的非经济性、应急物流的社会公益性（在应急物流中社会公共事业物流多于企业物流）等方面。相对于平日物流量比较平稳的特点而言，应急物流是高峰物流，还呈现出物流量大幅增加、时效性增强、服务功能突出三大特点。但总的来说，突发性、不确定性和时间的紧迫性是应急物流最基本的特征。

与普通物资相比较，应急物资具有不确定性、不可替代性、时效性与滞后性，这使得应急物资在储备、采购、运输和配送过程中均要特别对待，在应急物资治理过程中应关注质量管理、安全性、流程优化、正确率以及如何有效监控等问题。

应急物资需求的特点主要是指应急物资需求同传统物资需求在需求确定性、时效性、阶段性等方面的区别。与传统物资需求相比，应急物资需求主要有五个特点：突发性、不确定性、时效性、阶段性、强制性。

应急物资储备仓库应布局合理、规模适中，这些应急物资储备仓库平时储放应急物资，一旦发生自然灾害等突发事件，则由专业的物流公司迅速从应急物资储备仓库提取救灾物资运往灾区。突发事件发生后，社会采购或捐赠的救灾物资需汇集至应急物资储备仓库，在储备仓库分类拣选后统一配送至灾区。相应地，应急仓库具有以下特点：

（1）建设前要进行地质灾害评估，不应设在泥石流、滑坡、流沙等地质灾害直接危害的地段，以保证突发事件发生时仓库应急功能的正常发挥。

（2）应急仓库应主要设立于交通节点和自然灾害频发地的周边地区。

（3）应急仓库与大型机场、铁路车站、高速公路、国道、省道的距离半径较近，仓储中心应有足够的工作场地，可快速装卸车辆货物。

（4）应急仓库储备的物资是常备而不流通的，遇紧急事件时方可启用。

（5）应急物资种类繁多，其理化性质有很大差异，而且在突发事件应对过程中，不同应急物资重要程度不同，需求时段不同，对仓储设施的适应性及管理要求较高。

（6）具有完备的信息系统，以满足平时及突发事件发生后工作的需要。仓储环节聚集着大量的信息，这些信息对应急指挥者的决断起着重要的支持作用。

（7）拥有一定的办公和生活设施，以满足突发事件发生后工作和生活的需要。

第三节 应急仓库的意义及作用

应急物流以提供突发性自然灾害、突发性公共卫生事件等突发事件所需应急物资为目的，以追求时间效益最大化和灾害损失最小化为目标。在应急物流的实现过程中，应急物资的保障是核心环节。

在物流系统中，存储和运输是同样重要的构成要素。随着经济的发展，物流由少品种、大批量进入多品种、小批量时代，仓库功能从重视保管效率逐渐变为重视发货和配送作业。

现代社会生产中大规模的专业化生产、极高的劳动生产率和巨大的产量导致了绝大多数产品都不能很快被消费，需要使用仓储进行储存，并在仓储中重新进行整合、配送准备、加工或根据市场重新调整供给。此外，物品主要通过仓储进行候装、配载、包装、成组、分配、疏散等，有效利用各种运输工具，从而降低运输过程中的作业难度。物品的暂时储存可以均衡市场供给、稳定市场，有利于生产的持续进行，同时通过了解物品的仓储量、周转量等，能够较好地了解物品的市场需求量。

以系统的观点来看待仓库，仓库应该具备如下功能：

（1）基本功能。仓库所具有的基本的操作或行为包括储存、保管、拼装、分类等基础作业，其中储存和保管是仓库最基础的功能。仓库具有一定的空间，用于储存物品，并根据储存物品的特性配备相应的设备，以保持储存物品的完好性。

（2）调节供需的功能。创造物质的时间效用是物流的基本职能之一，物流的这一职能是由物流系统的仓库来完成的。现代化大生产的形式多种多样，从生产和消费的连续性来看，每种产品都有不同的特点，有些产品的生产是均衡的，而消费是不均衡的，还有一些产品的生产是不均衡的，而消费却是均衡地进行的。要使生产和消费协调起来，就需要仓库来起“蓄水池”的调节作用。

（3）调节货物运输能力。各种运输工具的运输能力是不一样的。船舶的运输能力很大，海运船一般是万吨级，内河船舶也有几百吨至几千吨的。火车的运输能力较小，每节车皮能装运 30 ~ 60 吨，一列火车的运量最多几千吨。汽车的运输能力很小，一般每辆车装 4 ~ 10 吨。三者之间的运输衔接是很艰难的，这种运输能力的差异，也是通过仓库进行调节和衔接的。

（4）流通配送加工的功能。现代仓库的功能已处在由保管型向流通型转变的过程之中，即仓库由贮存、保管货物的中心向流通、销售的中心转变。仓库不仅要有贮存、保管货物的设备，而且要增加分拣、配套、捆绑、流通加工、信息处理等设置。这样，既扩大了仓库的经营范围，提高了物资的综合利用率，又方便了消费，提高了服务质量。

（5）信息传递功能。以上功能的改变，导致仓库对信息传递产生一定的要求。在处理仓库活动有关的各项事务时，需要依靠计算机和互联网，通过电子数据交换（EDI）和条形码技术来提高仓储物品信息的传输速度，以便及时而又准确地了解仓储信息，如仓库利用水平、进/出库的频率、仓库的运输情况、顾客的需求以及仓库人员的配置等。

（6）产品生命周期的支持功能。现代物流包括产品从“生”到“死”的整个生产、流通和服务的过程。仓储系统应对产品生命周期提供支持。随着强制性质量标准的贯彻和环保法规约束力度加大，德国的托普佛法（Topfer Law）就规定制造商和配送商要负责进行包装材料的回收，这必然导致退货逆向物流和再循环回收等逆向物流的产生。

应急仓库对于应急物流而言，还具有一些特别的意义：①应急仓库是应急物流的主要储存地。应急物流的首要因素是物资，平时要储备和储存足够的物资。储备物资是常备而不流通的，遇紧急事件时方可启用。我国建有完整的储备体系，设置了一批储备仓库，储备了相当数量的物资。②应急仓库是应急物资的集中、整理、包装、装卸、分发地。③应急仓库是救灾物资的信息集中地。仓储环节聚集着大量的信息，这些信息对应急指挥者的决断起着重要的支持作用。一是仓储保存着应急物资的来源地信息，包括生产企业、生产地、产品质量、应用范围等；二是仓储物资信息能帮助决策者确定物资发放的节奏和方向，使物资能分配到最需要的地方。

第四节 应急仓库的分类

一、按运营形态分类

根据运营形态的不同可分为：

（1）营业仓库。即根据仓库业法经营的仓库，这类仓库有：保管杂货的1类仓库；保管小麦、肥料的2类仓库；保管玻璃、瓷砖的3类仓库；保管水泥、缆线的露天仓库；保管危险物品的危险品仓库；温度10℃以下，保管农产品、水产品和冷冻食品的冷藏仓库。

（2）自备仓库。各生产或流通企业，为了本企业物流业务的需要而修建的附属仓库。

(3) 公用仓库。属于公用服务的配套设施，为社会物流服务的仓库。

二、按保管类型分类

根据保管类型的不同可分为：

(1) 普通仓库。常温下的一般仓库，用于存放一般的物资，对于仓库没有特殊要求。

(2) 冷藏仓库。具有冷却设备并隔热的仓库（10 ℃以下）。

(3) 恒温仓库。能够调节温度、湿度的室外仓库（10 ℃ ~20 ℃）。

(4) 露天仓库。露天堆码、保管的室外仓库。

(5) 储藏仓库。保管散粒谷物、粉体的仓库，以筒仓为代表。

(6) 危险品仓库。保管危险品、高压气体的仓库，以油罐仓库为代表。主要是指存放具有易燃性、易爆性、腐蚀性、有毒性和放射性等对人体或建筑物有一定危险的物资的仓库。它在库房结构及库内布局等方面有特殊的要求，同时必须远离工厂和居民区。

(7) 水上仓库。漂浮在水上的储藏货物的泵船、囤船、浮驳或其他水上建筑，或把木材保管在划定水面的室外仓库。

(8) 简易仓库。有正式建筑，如使用帐篷等简易构造的仓库。

三、按功能分类

根据功能的不同可分为：

(1) 贮藏仓库。主要对货物进行保管，以解决生产和消费的不均衡，如将季节性生产的大米储存到下一年销售。

(2) 流通仓库。除具有保管功能外，还具有流通加工、装配、简单加工、包装、理货以及配送功能，具有周转快、附加值高、时间性强的特点。

(3) 专用仓库。保管钢铁、粮食等某些特定货物的仓库。

(4) 保税仓库。经海关批准，在海关监管下，专供存放未办理关税手续而入境或过境货物的场所。

(5) 其他仓库。包括制品仓库、商品仓库、零件仓库、原材料仓库。

四、其他分类形式

根据建筑形式分为四类：①平房仓库：指仓库建筑物是平房、结构简单、有效高度一般不超过5 ~6 米的仓库，这种仓库造价便宜，可广泛采用。②多层仓库：多层仓库为两层以上的建筑物，是钢筋混凝土建造的仓库，仓库楼层间依靠垂直运输机械联系，也可以用坡道相连，称坡道仓库。建造多层仓库可以扩大仓库实际面积，但是会增加建造成本。③圆筒形仓库。④地下仓库。

根据所用建筑材料分为五类：①钢筋混凝土仓库；②钢架金属质仓库；③木架砂浆质仓库；④轻质钢架仓库；⑤其他仓库。

根据库内形态分为三类：①一般地面仓库；②货架仓库；③自动化立体仓库，一般是指采用几层、十几层乃至几十层高的货架储存单元货物，用相应的物料搬运设备进行货物入库和出库作业的仓库。

应急资源的储备是实施紧急救援与安置灾民的重要基础和保障，主要包括应急物资的储备、应急设施储备、预防突发事件的技术储备和救灾人员的储备。应急仓库的形式与所储存的物资的理化性质及功用有密切关系。应急物资种类繁多，根据国家有关部门的规定，应急物资分为五类：一是抢险救灾指挥类物资，如无线电台、对讲机、发电机、应急灯、计算机、直升机、指挥车等；二是救生类物资，如急救用品、抢险类工具、探测仪、药品、尸体处理工具、血浆、车辆、工程车、电力设备、消防车等；三是生活类物资，如粮食、水、燃料、帐篷、蜡烛、毛巾、炊具等；四是工作类物资，如通信设备、小型发电机、野外装备、车辆等；五是公用类物资，如抢修设备、专业机械、医药、建筑材料等。

应急仓库除可参照上述标准分类之外，还有其他分类标准：①可根据管理的行政级别分为国家级应急物流仓库、省级应急物流仓库、地市级应急物流仓库、县市级应急物流仓库。1998 年，民政部、财政部建立了应急物资储备制度。我国实行中央与地方分级负责的救灾工作管理体制，救灾储备物资以地方各级政府储备为主。目前全国已设立 10 个中央级应急物资储备仓库；在 31 个省、自治区、直辖市和新疆建设兵团建立了省级应急物资储备仓库；在 251 个地市建立了地级储备仓库，占所有地市的 75.3%；在 1 079 个县建立了县级储备仓库，占所有县市的 37.7%。②按应急物资的使用范围可分为通用物资应急仓库和专用物资应急仓库。通用类物资适合一般情况下救灾工作的普遍需要，也是比较重要的物资，如食品、饮用水、药品等几乎是每次应急救灾的必需品；而专用类物资则适用于不同的灾情，具有特殊性，应当视情况而定，如发生疫情后所需要的专门的疫苗、药品，发生洪灾后所需要的救生艇、救生衣等。③根据储备模式的不同分为应急物资实物储备仓库、应急物资合同储备仓库等。

应急物资的储备方式按照不同的分类主体有不同的分类方法：按储备的形态分为有形储备和无形储备；按储备的主体分为国家储备、地方储备、军队储备、社会储备和家庭储备。以下是在当前的应急物资储备制度下比较常见的一些储备方式。

（1）实物储备。国家实物储备指国家及各级地方政府为了应对突发事件的发生，对一些至关重要的应急物资在各级应急物资储备仓库进行储备的活动。

（2）合同储备。指国家及各级政府在实物储备之外，通过与相关企业签订储备合同，将一部分应急物资交由企业储备管理，以保证应急物资的供应的方式。这样既能保证数量和质量，又能降低成本。例如，中央级防汛物资采取委托储备的方式储备，国家防汛抗旱总指挥部办公室在全国共指定了 15 个中央级防汛物资储备定点仓库。

（3）生产力储备。生产力储备是指政府将具有一定生产能力的企业作为储备企业，在发生突发事件时，迅速生产应急物资。生产力储备在实践中的实现方式也多种多样，如签订紧急供货协议、签订紧急征用合同等。

生产力储备的应急物资主要有以下三类：①医药、食品等物资因其时效性强，不易做实物储备，适于生产力储备；②物资需求量小，本国资源相对丰富，获取容易的物资，适于生产力储备；③物资生产周期短，扩大生产容易的物资适于生产力储备。

第五节 应急仓库的构成

仓库由贮存物品的库房、出/入库房的输送管道和设备以及消防设施、管理用房等组成。

应急物流仓储设施包括仓库（普通平房或楼房仓库、立体仓库或自动化立体仓库、特殊物资仓库）和专用设施（铁路专用线及其站台、专用码头及其泊位、办公及信息化系统用房、分拣及包装车间、堆场、停车场及道路等）。

应急仓库由仓库建筑、公用工程设施以及仓储设备等构成。

一、仓库建筑

仓库建筑主要包括货场、货棚、库房和其他建筑物、构筑物等。

仓库建筑的一般要求是：有利于物品的保管和养护；符合仓库业务需要和有利于组织仓储作业；便于安装和使用机械设备；应有安全设施，保证仓库安全；有利于充分利用仓库空间等。

仓库库房按照建筑结构形式可分为单层、多层和立体仓库；按照建筑材料，可分为木结构、砖结构、钢结构、钢筋混凝土结构等形式；另外还有地下库、半地下库和洞库形式。

新建应急物资储备库宜采用轻型钢结构的单层库房或不超过三层的钢筋混凝土框架结构的多层库房，并按 9 级烈度设防，要进行地质灾害评估，不应设在泥石流、滑坡、流沙等地质灾害直接危害的地段。

对仓库库房建筑构造的一般要求如下：

（1）地坪。地坪的作用主要是承受货物、货架以及人和机械设备等的荷载，必须有足够的强度以保证安全使用。对地坪的基本要求是平坦坚实，耐摩擦和冲击，表面光洁不起灰尘。地坪的承载能力应视堆放物品性质、当地地质条件和使用的建筑材料而定，一般载荷量为5～10吨/平方米。

（2）墙体。墙体起着承重、围护和分隔等作用。对承重外墙除要求其满足具有承重能力的条件外，还需要考虑保温、隔热、防潮等围护要求，以减少外部温、湿度变化对库存物品的影响。

（3）屋顶。屋顶的作用是抵御或避免雨雪、日晒等自然因素的影响，它由承载和覆盖两部分构成。对屋顶的一般要求是防水、保温、隔热，并具有一定的防火性能，符合自重轻、坚固耐用的要求等。

（4）门窗。门窗是库房围护结构的组成部分，要求具有保温、防水、防火、防盗等性能。其中，库房窗户要注意通风和采光。库门要求开启方便、关闭精密，库门的数量、尺寸应考虑库房的大小，吞吐量的多少，以及运输工具的类型、规格和储存物品的形状等因素。

应急物资储备库应按GB/T 19680规定的分类与评估指标划分，国家和省级储备库应达到AAAA级以上（含AAAA级）标准，市（地区）级应达到AAA级以上（含AAA级）标准，县级应达到AA级以上（含AA级）标准，并符合应急物流企业其他评估指标的规定。

二、公用工程设施

公用工程设施主要有：①消防系统。由于库房规模大，存储的货物和设备较多且密度大，而仓库的管理和操作人员较少，所以自动化仓库内一般采用自动消防系统。防火等级高的，必须设置自动喷淋系统。②照明系统。③动力系统。④通风及保暖系统。⑤其他设施，如排水设施、避雷接地设施和环境保护设施等。

应急仓库应有一定的办公和生活设施，以满足突发事件发生后工作和生活的需要。

三、仓储设备

仓储设备主要有货架、托盘、叉车、输送机、起重设备、自动分拣设备等。

（1）货架主要有隔板货架、托盘货架、重力式货架、悬臂式货架、流利式货架、压入式货架、移动式货架、阁楼式货架、抽屉式货架、自动化立体仓库货架。

（2）托盘是为了使货物有效地装卸、运输、保管，将其按一定数量组合放置于一定形状的台面上，这种台面有供叉车从下部插入并托起的叉入口。以这种结构为基本结构的平台和在这种基本结构上形成的各种形式的集装器具均可称为托盘。托盘主要有平板托盘、立柱托盘、箱式托盘、塑料垫板托盘、三合箱式托盘、滑片托盘（简称滑板）、轮式托盘、特种专用托盘等。

（3）叉车是一种用来装卸、搬运和堆码单元货物的车辆，是仓库装卸搬运机械中应用最广泛的一种设备。叉车的种类根据其所用动力，可分为内燃机式叉车和蓄电池式叉车；根据其结构特点，可分为平衡重式、前移式、插腿式、侧面叉车。

（4）输送机是以连续或间歇的方式沿着一定的线路从装货点到卸货点均匀输送散料货物和成件包装货物的机械装置。输送机能在一个区间内输送大量货物，搬运成本较低，搬运时间易掌握，被广泛应用于现代物流系统中。自动化立体仓库系统的搬运系统一般由连续输送机组成，如进出库输送系统、自动分拣系统、自动装卸输送机系统等。

常见的输送机有带式输送机、斗式提升机、链式输送机、悬挂式输送机、螺旋输送机、辊子输送机、气力输送机等。

（5）起重设备是一种以间歇作业方式对货物进行上下升降和水平移动的搬运机械。起重设备的种类较多，按其起重量及运动方式可分为轻小型起重设备、桥式类起重机和臂架类起重机。

（6）自动分拣设备指受自动控制的一套机械分拣装置，它由接受分拣指令的控制装置、把到达分拣位置的货物取出的搬送装置、在分拣位置把货物分送的分支装置和在分拣位置存放货物的暂存装置等组成。种类主要有横向式分选机、升降推出式分选机、翻盘式分选机、活动货盘分选机、直落式分选机、悬吊式分选机、辊子浮出式分选机、皮带浮出式分选机、滑块式分选机、摇臂式分选机、推出式分选机、自动拣选机等。

自动化立体仓库构成部分主要有高层货架、托盘（货箱）、巷道堆垛机、输送机系统、AGV 系统、自动控制系统、库存信息管理系统等。

一般而言，单层仓库适于贮存金属材料、建筑材料、矿石、机械产品、车辆、油类、化工原料、木材及其制品等。水运码头仓库、铁路运输仓库、航空运输仓库多为单层建筑，以加快装卸速度。单层仓库的总平面设计要求道路贯通，装运的汽车、铲车能直接进出仓库。这种仓库一般采用预制钢筋混凝土结构。地面堆货荷载大的仓库，跨度宜大。库内吊车的起重能力根据贮存货物单件的最大重量确定。起重量在 5 吨以下的可用单梁式吊车或单轨葫芦，大于 5 吨的用桥式吊车。仓库要求防潮。如供贮存易燃品之用，应采用柔性地面层防止产生火花。屋面和墙面均应不渗水、不漏水。

多层仓库一般贮存电子器材、食品、橡胶产品、药品、医疗器械、化学制品、文化用品、仪器仪表等。底层应有卸货装货场地，装卸车辆可直接进入。货物的垂直运输一般采用1.5～5吨的运货电梯。应使装运货手推车或铲车能开入电梯间内，以加快装卸速度。多层仓库常用滑梯卸货。滑梯多用钢筋混凝土结构，用水磨石打蜡做成面层；也可用金属骨架、钢板面层，但要防止钢板生锈，或用不锈钢板作面层。多层仓库如单位荷载大于500千克，可用无梁楼盖。

多层仓库中的立体仓库的存储和提货应使用电子计算机，实现机械化。这种仓库占地面积小，节省人力，但贮存货物类别有一定范围。

圆筒形仓库一般贮存散装水泥、干矿渣、粉煤灰、散装粮食、石油、煤气等。圆筒形仓库的建筑设计根据贮存物品的种类和进卸料方式确定。库顶、库壁和库底必须防水、防潮，库顶应设吸尘装置。为便于日常维修，要设置吊物孔、人孔（库壁设爬梯）、量仓孔和起重吊钩等。圆筒形仓库一般用现浇预应力钢筋混凝土结构，用滑模法施工。贮油库和贮气库则用金属结构。要注意仓库的通风，每层仓库的外墙上应设置百叶窗，百叶窗外加金属网。危险品仓库如贮油（气）或贮化工原料的仓库必须防热防潮，在屋面上加隔热层或按防爆屋面设计，出入口设置防火隔墙，地面用不产生火花的材料，一般可用沥青地面。贮油仓库要设置集油坑，食品仓库要防蚁防蜂。

应急仓库应有完备的信息系统，以满足平时和突发事件发生后工作的需要。储存食品、药品和其他有特殊要求的应急物资仓储设施应符合相应的技术标准和规范要求。

应急仓库要根据实际情况选择适当的建筑形式，配备适当的设施设备。下图所示为嘉兴应急物资储备仓库，它是为应对各类突发电力事故、提高电力物资供应保障能力而设的应急仓库。

嘉兴应急物资储备仓库

第六节　应急仓库与应急物资储备体系

一、应急物资储备体系建设的现状

应急仓库是应急物资储备体系的重要组成部分，是应急物资的重要载体。

1998 年张北地震后，我国开始正式建立应急物资储备制度，目前已建立了国家战略物资储备和民政、水利、铁道、交通、公安等专业应急物资储备。但应急物资储备相对需求而言存在如下不足：①在数量规模上中央级国家救灾物资储备仓库数量少，布局不够合理，影响了救灾的时效；②在品种结构上，中央级国家救灾物资储备品种比较单一，离紧急抢救、保障灾民生活所需的物资要求的差距相当大，无法满足各地对救灾物资多样化的需求；③在管理机制上，缺乏纵向和横向的信息沟通机制；④在储备层次上，我国的地方、市场和家庭三个储备层次存在较大的缺失，应急物资储备的数量、质量得不到很好的保证。

二、应急物资储备体系应具备的能力及其建设

应急物资储备体系应具备以下能力：①能同时应对两起特别重大（Ⅰ级）突发公共事件的应急物资保障能力；②能基本保证事发地几个地区社会经济正常运转和人民生活正常进行。

我国要构建“五位一体”的应急物资储备体系。我国以科学发展观为指导，按照统筹规划、属地管理、分级负责、分类储备的原则，使分散储备和集中储备有机结合，点、线、面融合配套，有效覆盖全社会，充分挖掘和利用社会潜力，建成国家、军队、地方、市场和家庭“五位一体”，布局合理、规模适度、结构优化、质量可靠的应急物资储备体系。

在应急物资储备体系中，国家是主体，军队是骨干，地方是补充，市场是辅助，家庭是基点。我国应立足恶劣复杂的环境条件，根据不同地区可能发生的灾害的类型、烈度等实际情况，由国家主管部门统一部署，各级地方政府组织指导，从家庭储备做起，市场参与，建立国家、军队、地方、市场、家庭“五位一体”的应急物资储备体系，有效保障应对突发公共事件的物资需求。

（1）编制各层面应急物资储备名类目录，以便指导各级政府按照需要安排好相应的应急物资实物和能力等的储备，优化和完善现有生活救助、抢险救灾、公共卫生等类型物资储备及国家专业应急队伍装备储备，特别要形成布局合理、种类齐全的专业应急物资储备体系，着重加强防汛抗旱物资、防灭火物资、医

药、重大动物疫情和植物病虫害防控物资、水上搜救和污染处置应急物资、公安消防应急救援物资等的储备。

(2) 加强国家和军队物资储备的一体化建设。从国家发展战略安全全局出发，将国家和军队物资储备有机结合起来，优化配置，统筹规划，适当调整，综合布局，改造现有物资储备仓库，布设和增加新的储备库点，增加库容和储备量，充分发挥国家、军队物资储备在仓库布局方面的“网络优势”，可以有效弥补目前应急物资储备体系中仓库资源少、仓库布局不合理的不足。同时，充分利用国家、军队物资储备体系中的闲置仓库资源，积极响应建设节约型社会的号召，也可以避免储备仓库等硬件设施的重复建设。

(3) 健全地方和市场层面的应急物资储备。地方应按照属地为主的原则，以行政区域为单位，依据人口分布情况，建立适应本区域自然地理、社会经济特点的常用救援器材和生产生活物资储备。市场层面主要是由各有关企业在流通管道中适当增大库存量，建立食品、日用品等消耗性物资的储备，并可充分利用现有资源代替国家应急物资。

(4) 建立家庭层面的应急物资储备。目前我国广大城乡家庭基本上还没有针对可能发生的突发公共事件建立应急物资储备的思想意识，必须在全社会大力倡导建立家庭层面包括应急食品、应急生活用品、自救应急用具等在内的应急物资储备。

应急物资储备体系的建设是常态化建设。应急物资储备不能临时抱佛脚，也不可能一劳永逸，必须进行长期建设，并进行商业化运作。尽管应急物资在很大程度上是政府的一种公益性事业，但也应积极运用市场经济法则和价值规律，推动应急物资储备体系的健康持续的良性发展。特别是要落实应急物资储备资金和管理经费，制定应急物资储备更新、轮换的财政补偿政策和核销制度，广泛利用社会物资储备资源和力量，合理选定储备方式，依托大中型企业建设国家应急物资紧急生产和配送的能力储备，缓解重要应急物资峰值需求，减轻经常性储备压力，减少储备中的自然损耗和损失；完善应急物资轮换更新机制，将应急物资的轮换更新纳入市场流通渠道，避免社会资源的浪费，提高应急物资储备的综合效益。应急物资储备体系建设必须注重采用现代管理技术和方法，坚持建管并重，以管促建，实现建设效率和效益的最大化。

阅读材料 1.2

困境：最后 1 公里

最后 1 公里，原意指长途跋涉的最后一段距离，被引申为指最后的而且是关键性的一步。一件商品从离开工厂最后到消费者手中，要经过哪些环节？商品配送的最后一环节到底发生了什么？它的成本是如何层层递加的？从河南的天价过路费，到广东高速路超长年限收费，运输成本高已广为诟病。

一、物流围城 商品价格坐上直升机

最近产地蔬菜价格暴跌，一些品种的蔬菜在田间地头的收购价才五六分钱，但城镇菜市场和超市的价格依然维持在2块多钱的高价。我们不得不思考：问题究竟出在哪里？

以西葫芦为例，按照目前的价格，西葫芦在山东产地价格是0.05元/斤，而在北京的几家社区菜店中，西葫芦售价是1元/斤。西葫芦从产地到市场，价格竟然翻了20倍。蔬菜价格到底是怎么涨上去的？我们来了解一下蔬菜进京的路径：山东的西葫芦经过长途运输后来到北京的新发地，这是位于北京五环外的一个蔬菜批发市场，当初0.05元/斤的西葫芦加上运输费用和新发地市场的费用，批发价格已变成了0.25元/斤左右。如同接力赛一般，另外一些菜贩子把蔬菜从五环外的新发地贩运进了四环内的岳各庄蔬菜市场，虽然距离不远，但加上来回的搬运费、摊位费等，这时每斤西葫芦已经涨到了0.35元左右，涨幅高达30%。北京市内社区的菜贩再从北京岳各庄蔬菜市场批发西葫芦，这时候社区卖的西葫芦价格已达到1元/斤，是最初批发价的20倍。

但即便是这样，也很难说最后一个陡然增加的售价就是暴利，因为当中的成本也在大幅度增加。那么，看似暴利的行业，背后到底隐藏着什么？在运输的最后1公里，西葫芦为什么要经过这么多道转手？虽然知道城里的西葫芦能卖1元/斤，但菜贩在新发地也只能卖0.25元/斤，因为他的运菜货车进不了城。在北京市内，社区的菜贩卖的菜就是从北京岳各庄蔬菜市场批发的，虽然新发地的菜价更便宜，却很少去那里进货，因为按照北京市交管部门的规定，拉菜的货车只能在晚上12点半到凌晨6点之间上路。这几个小时的时间根本不够去新发地买菜。因为新发地市场太大了，每个菜的品种分区之间相差一两里地，想买20多个品种根本不可能。来得晚了，遇上罚款的交警，怎么也得罚一两百，两天的生意就白做了。由此可见，运输的最后1公里物流并不顺畅，制约因素很多。

蔬菜进城太难，环节太多，青菜的损耗很大。除此之外，还有摊位费、卫生费、水电费等，每个月都得两千多元，这些最终都摊进了菜价。此外，更重要的是，最后的1公里还有一个不得不付出的成本就是罚款，因为小面包车会违规运送蔬菜，尤其是面包车人货混装。北京市物流协会专门做了一个调查，发现蔬菜从批发市场到零售市场的这最后1公里，流通成本比从山东寿光拉到北京的费用至少高出150%，批发价格跟收菜价格相比高出100%，甚至200%。而从批发市场到超市这个环节，价格也大幅上升。从圆白菜来看，产地收购价格是

0.004 元/斤，到了批发的环节，新发地批发市场价格到 0.15 元/斤，但是到了超市的时候就达到了 0.8 元/斤，从批发到超市这个环节跃升了 4 倍多，最终零售价是产地价格的 20 倍。

所以现在看来，从菜田到菜市场，如果距离有 100 公里，那么可能前面 99 公里都是比较畅通的，问题出在最后 1 公里。从蔬菜行业可以看到整个中国物流业的现状，它是个小生产、大市场的格局，中间流通环节是不畅通的，所以到最后，整条供应链的两端都会受损。

二、路难行　车难停　城市配送遭遇物流围城

蔬菜进城遭遇物流围城，价格跟着水涨船高，那么城市里其他的商品配送，又会经历怎样的过程呢？上午 8 点，在北京东五环的一个仓库，配送人员正在分装从全国各地运过来的服装、鞋袜，准备配送到北京市中心的各家卖场。货车司机李春今天要去王府井的 6 个大商场送货。他的车有货运通行证，但是即使有证，在上午 7 点到 9 点和下午 4 点到晚上 8 点两个时间段，货车也不能进入四环，因为有时间的限制，李春每天送货都是分秒必争，就怕回不去，而且随时有可能遇到交警。他每年下来光罚款就得交 1 000 多元。上午 9 点，路上行驶着大大小小许多进城送货的车，此时的李春，被堵在了王府井商业区，他说，周一、周三、周五是堵得最厉害的，一堵就是两个小时。而货车司机老寇接到的任务是去中关村送货。按照北京市的规定，货车进入四环需要货运通行证，但是老寇的车没有通行证。九点半，一路绕行的老寇进入了中关村地区，这个区域的许多路段全天禁止货车驶入，看见周围没有执勤的交警，老寇几乎没有犹豫，就直接开进了禁行路段。

上午 10 点多，老寇和李春都到达了各自的目的地开始卸货，他们遇到了同一个麻烦——没有地方停车。李春说，每一次来王府井工美大厦送货，都只能这样停在路边，虽然这个商场也有地下停车场，但地下停车场限高 1.8 米，两三米的货车根本开不进去。担心警察来贴条、罚款，李春一步也不敢离开车子。老寇送货的商场门口停了不少卸货的厢式货车，几乎占据了整个路面，来送货的司机和搬运工不少，中午 12 点，有来卖盒饭的，很快被抢购一空，老寇和李春都没顾上吃饭。下午 1 点，老寇还有 6 家商场没送，李春还有 4 家没送，距离限行的 4 点还有 3 个小时，他们都开始担心货送不完。

因为下午两点，一般的卖场忙着营业，就没有时间收货了。而且万一在限行时间之前送不完货，他们就得在市里面等到 8 点才能回去。李春说他们经常被困在城里面回不去，不得不待到天黑。最近北京的停车费涨了，每送一家商场，货主只给他 25 元，但是在黄金地段，停车费都在每小时 15 元以上，一旦到了时间出不了城，单停车费就需要 100 元左右。如果一天送六个点，除去 100 元油费，他不仅挣不到钱，还要亏钱。

北京德利得物流总公司运营总监恽绵表示，李春和老寇送货的王府井、中关村，都是货物流通量比较大的商业区，也是对货车限制最多的地方，怎么把货送进这些区域一直是北京的物流企业最头疼的问题。城市配送的最后1公里，一是路不畅，很多城市担心交通拥堵，对货车限行；二是一部分地区货车禁行；三是车难停，现在的货运车辆几乎没有专门的停车位。在城市里，出租车、公交车、旅游车等多种车辆都有停车的地方，而唯独很少有货车停车的地方。城市配送陷入物流围城，最需要物流的地方，恰恰也是物流通行最困难的地方。

三、上海城市配送　货物坐着的士跑

刘华仓是上海一家物流公司的货车司机，他每天要负责市中心五六家大卖场货物的配送。早上7点，刘华仓早早发车去市区送货。上海市内道路通行规定，如果没有通行证，早上7点至晚上8点货车禁止在市区内环内通行，他的车只能绕行。早上8点不到，货车到达了第一家卖场，不过卖场的停车场已经停满了送货车辆，这么多车挤在一起排队，这家卖场至少要等上3个小时才能开始点货。而平时五六点钟，卖场就不收货了，他也曾经多次被困在城里。这天，他又一直等到晚上8点，才把6家卖场的货物送完。第二天，到上海繁华的中山公园商业区送货，这个商业区周边路段禁止货车通行，但是今天的客户催得急，公司只好打出租车把货送过去。送一次100元，但是车很小，货物分了多次才送完，花了400元。

为了避开货车限行，很多物流公司放弃货车，用客车改货车运输。在物流公司的院子里，停放了大大小小20多辆改装的面包车，专门用来拉货。担心被警察抓住罚款，司机们都将窗帘拉了下来。不过将乘用车改为客货混装，成本其实挺高的。以一辆载重两吨的厢式货车为例，它的运输量需要4辆轻型客车才能完成，所需花费的汽车购置费用、油费、道路通行费、工人工资同样都要上升4倍。上海利丰物流有限公司运输部总监王杰对此很苦恼，因为上海对货车限行，目前看来问题很难解决。

四、两万元面包车人货混装遭遇10万元罚单　车主弃车而去

早上6点，在济南市郊，一辆运载着物资的红色货车被交警扣留了证件，按照济南市规定，在晚上10点到次日7点这个时间段内，禁止货车进入主城区，这辆货车的司机需要到执法队缴纳200元罚款后才能取回自己的证件。早晨6点40分，在济南市机场路和虞山大道交叉口，交通局稽查人员正在执勤。有几辆面包车因为人货混装被暂扣了证件。看见有交警查车，很多驾驶员在交叉路口前停住了，一辆红色油罐车开进加油站后迟迟没有开走，盯着不远处的交通稽查。而稽查人员此时一面留意着过往车辆，一面观察着加油站内的这辆红色油罐车。

加油站的工作人员说，这里每天都会上演交警和司机的拉锯战。这样的局面僵持了20多分钟，油罐车终于向出口开去。靠近出口时，稽查立刻挥手叫停，这辆货车需要到稽查大队的停车场接受处罚。

上午10点左右，一辆运送建筑材料的面包车经过济南市零点立交桥，被交通局稽查人员截住了。司机小刘和同伴被要求去稽查大队接受进一步处理。大约十几分钟后，小刘兄弟俩从稽查大队出来了。因为人货混装，他们需要接受3万~10万元的罚款。但是，小刘这一趟运输的货物才值100元，而且他们的面包车也才两万元，但是罚单的数额是3万~10万元，这个罚款额是怎么确定的呢？济南市交通局稽查大队的王政委表示，虽然小刘一车就拉了100元钱的货，但是按照《中华人民共和国交通法》的规定，罚款数额范围确实是3万~10万元。交通稽查部门认为，小面包车的非法营运和大型车辆超载性质不同，比起超载，属于完全无证经营，所以在罚款力度上也远远大于超载。

王政委表示，车才两万来块钱，罚款3万元甚至10万元，很多车主干脆就把车丢了。他们前两年查处了八九十部小货车无人认领，只好通过法院走法律程序全部销毁。

五、5元钱的货运通行证身价翻了500倍

路难行、车难停是所有司机面临的困境，每一次冒险其实都是以违法为代价的。为了规范货车，各大、中城市对进入市区的配送车辆采取限制措施，颁发货运通行证，但是大部分的车都没有这个证件，通行证成了紧俏资源，没有门路根本办不了。货车司机老寇一直想办套货运通行证，但在北京市内通行证有名额限制，如邮政、运送肉蛋菜奶的货车，或是搬家公司的货车，市内施工工地需要的货车，以及拥有十辆车以上的"绿色车队"才能办理，一般的物流公司或者货运司机达不到这样的条件。

货车司机李春表示，按规定通行证每三个月换一次，工本费其实只有5元，但是根本办不下来，去年他办货运通行证托了关系，每个季度要花费1 000多元。今年的行情又涨了将近1 000元，算下来一年仅通行证就要花将近10 000元钱，这还不包括托人情的开销。

上海的车子是按照5%比例来核发通行证的，也就是说100辆车子只有5套货运车通行证。上海利丰物流公司是上海市内最大的卖场商品配送物流企业，每天有40辆货车，为上海内环内45家卖场配送商品，但是公司的市内通行证只有3套，根本不够用。总经理王杰说，他们经常不得不租用别人的通行证。租证的费用是一个小时50元钱，去市内跑一趟，租证的费用就需要几百元。

六、最后1公里物价坐上直升机　物流围城如何突围

在国内的很多大、中城市，物流围城的现象普遍存在，现实情况是，相当一

部分商品是通过各种违法的方式运进城的。虽然违法，但是符合市场的需求，因为市场要求必须这么做。

北方交通大学教授张小东曾经针对城市配送难题进行过专门的调研，他发现北京市每年货运量为2.9亿吨，其中80%是进城的货，其对货运能力的要求很高，而目前车证少，需要以货代货，或者客货混装。如果没有这一部分车来运货，70%～80%的超市将不得不停业。

张小东算了这样一笔账：最小的货车载货量为12立方米，相当于4辆金杯车的载货量。从现实来看，货车禁行后，上路的面包车多了，其实并没有减轻拥堵压力，反而加剧了拥堵。而且，1辆货车所占的道路资源远远小于4辆金杯车，尾气排放量也远小于4辆金杯车。此外，目前的城市配送不畅，实际上增加了商品的流通成本，包括时间成本、财务成本等。这也是最后1公里，物价坐上直升机的关键原因。

不过，有很多同样面临交通拥堵困扰的国家和地区，对货车进城采取了不同的管理措施。以中国香港为例，由于香港是亚洲重要的金融、商贸中心，不少跨国企业也都选择香港作为储存、管理和运送产品及获取增值服务的理想基地。在香港，物流业是支柱产业之一，这里人口密集、车水马龙，但是并没有对货车进行限制，对于车辆进城（市中心）的时间也没有限制，可以24小时送货，而且大部分商场、超市在夜间也会收货。在香港各种卖场、大型商业区的规划当中，一楼基本上都是停车的，二、三楼才是商场和超市，它的城市交通跟商贸环境、物流体系连接得非常好，这也给城市物流创造了条件。

当物流公司在送货期间遇到塞车、车辆故障等突发事件时，物流公司一般会通过重新调配、拆散处理等多种措施去解决。比如遇到塞车，物流公司一般会马上通知供应商，使用另一辆车避开塞车路线送去目的地，或者使用摩托车分批、分散送货。

日本东京同样没有对城市配送的货车进行限行，货运车作为城市的公共交通，和公交车一样享受财政补贴。日本的配送车辆，特别是配送百姓必需品的车辆，基本上都借用公交快车道那种专用车道。那么，同样是一个交通拥堵的城市，东京是如何解决城市货物配送难题的呢？日本的城市配送，采用共同配送的办法，为同一区域的商家设立共同配送中心，统一调配运送货物。而且日本的商业区一般有专门的卸货平台，商家用小的搬运工具把货物从卸货平台运回去，货物停留时间非常短。这种组织规模化的物流，可提高物流配送效率，而且商家也很重视自己的整个物流组织。

中国物流与采购联合会发布的最新数据显示，2010年中国物流总费用占国内生产总值比重约18%，比发达国家高出1倍，过高的物流成本是商品价格畸高的重要因素。行车难、停车难，物流围城最终推高了商品价格。有资料显示，国内商品90%以上的时间都用在仓储、运输、包装、配送等环节上，这导致物流效率低且费用居高不下。缓解交通拥堵、规范货车运输的本意是为了让大多数人享受到现代文明带来的方便与快捷，当需求遭遇交通瓶颈，城市管理者应该更多地采取疏导的方式而不是围追堵截的方式，需要用更加人性化的管理措施来解决最后1公里的物流难题。

（资料来源：中央电视台财经频道《经济半小时》“物流顽症”系列报道）

第二章　应急仓库的建设

阅读材料 2.1

中央防汛抗旱物资仓库挂牌　发挥应急保障作用

2011 年4 月11 日，中央防汛抗旱物资肇庆仓库正式挂牌。该仓库于2010 年10 月经国家防办批准设立，于2011 年1 月正式启用，其设立的目的是充分发挥中央抗旱物资的应急保障作用，及时有效地支持广东及周边省区的抗洪抢险和应急救援工作。

中央防汛抗旱物资肇庆仓库设在位于肇庆市鼎湖区的广东省三防物资储备中心内，广东省三防物资储备中心负责其日常管理，在国家防办和省三防办的直接领导和指导下开展工作。广东省三防物资储备中心5 号仓库为中央防汛抗旱物资肇庆仓库的专用仓库。

5 号仓库为双层仓库，建筑面积约3 000 平方米，配有1 间恒温室、4 台桥式起重机、2 台载货电梯、1 组楼阁式货架、24 组层板式货架等仓储设备。目前储藏的中央防汛抗旱物资包括冲锋舟、嵌入组合式防汛抢险指挥艇、发电机、照明灯、便携式查险灯、土工灯、钢丝网兜等。

（资料来源：于敢勇．中央防汛抗旱物资仓库挂牌　发挥应急保障作用［N］．广州日报，2011－04－12.）

第一节　应急仓库的整体布局规划及选址

一、应急仓库的布局原则

从广义上讲，仓库布局是指在一定的区域或库区内，对仓库的数量、规模、地理位置和仓库设施等要素进行科学的规划和整体的设计。但也有很多学者认为，仓库布局是针对库区内而言的，是指对一个仓库的各个组成部门进行平面或立体的、全面合理的安排，即仓库的总平面图。

在本书中，应急仓库的布局是指对应急仓库的各个组成部门，如库房、货棚、货场、辅助建筑物、库内道路、附属固定设备等，进行合理的规划和设计，进行分区分类，使得仓库的作业有条不紊地进行，提高应急仓库的存货能力和周转速度。

对应急仓库进行布局设计是为了方便仓库的日常作业，提高库场的利用率和作业效率，使应急仓库能够保质保量地运作。在对应急仓库进行分工和分区时，应该遵循以下原则：

（1）使用单层设备。应急仓库要尽可能采用单层设备，仓库位置应便于物资的入库、装卸和提取，库内区域应划分明确，这样做不仅造价低，而且资产的平均利用效率也高。

（2）单一的物流方向。货物在出/入库时应尽量是单向和直线运动，尽量减少货物在库内的搬运距离，避免过多的逆向操作和大幅度改变方向的低效率运作。

（3）最短的运程。应尽量减少迂回运输，专用线的布置应在库区中部，并根据作业方式、仓储商品品种、地理条件等，合理安排库房、专用线与主干道的相对位置。

（4）最少的装卸环节。减少在库应急物资的装卸、搬运次数和环节，物资的卸车、验收、堆码作业最好一次完成。

（5）最大的利用空间。仓库总平面布置应采用立体设计，尽量利用仓库的高度，以利于商品的合理存储和库容的充分利用。

（6）高效率的物料搬运设备及操作流程。引进必需的仓库设备，所制定的操作流程要满足先进的装卸工艺和设备的作业要求。

二、应急仓库的选址

应急仓库的选址是指在一个具有若干应急物流备选点及若干应急物资需求点的经济区域内，选一个地址设置应急仓库的过程。一个较好的选址方案能使应急物资通过仓库进行汇集、中转和分发，以备邻近区域发生突发性灾难时，能在最短的时间内，将灾区所需要的应急物资运送到位。应急仓库的选址，关系到救灾工作的成效，是应急仓库建设的重要一环。

应急仓库主要发挥应急物资的存放、理货、再包装等功能，应急物流是以追求时间效益最大化和灾害损失最小化为目标的特殊物流活动。面对紧急突发事件时，应急仓库应力求在最短的时间内有效整合应急资源，准确地将应急物资送抵需求地点。

与一般性仓库或配送中心优化选址不同，因无法预测事故发生的时间与地点，应急仓库选址是在事故发生前期所做的应急准备工作，通常不涉及准确的需求信息，目的是在事故发生时，能够以最快的速度整理物资、备货、配送，最大限度地节约时间和成本。因此，应急仓库的选址具有十分重要的意义。

在考虑应急仓库的选址问题时，主要应研究如何在最短的时间内将应急物资送达各个需求点，提供及时、有效的物资供应，同时还要考虑运输成本问题，但这并不是最重要的。也就是说，应急物资储备库选址应考虑距离限制、时间限制、覆盖范围、成本费用等因素。从总体上看，应急仓库的选址问题分成两大类：第一类是单独考虑调配距离、调配时间、覆盖范围等因素的单一目标优化问题；第二类是综合考虑各种影响因素的多目标优化问题。

三、应急仓库选址的方法——单一目标优化的选址方法

应急仓库选址应考虑距离限制、时间限制、成本费用、覆盖范围等因素，当采用单一目标优化的选址方法时，只考虑其中某一个单一的因素。

（一）最短路径算法

求应急仓库到需求点的反应时间最短，可以通过求应急仓库到需求点的距离得到，即通过最短路径算法来求得最短反应时间。最短路径算法最初由 Dijkstra① 提出，这也是一种最典型的最短路径算法，用于计算一个节点到其他所有节点的最短路径。这种算法的主要特点是以起始点为中心向外层扩展，直到扩展到终点为止。在 Dijkstra 最短路径算法的基础上，发展出多种选址决策问题，较为有效和被认可的是基于遗传算法的选址问题。在本书中，主要分析如何用遗传算法来求解最短路径问题。

给定一个无向赋权图 $G=\{V, E\}$，其中 $V=\{v_1, v_2, \cdots, v_n\}$ 为 G 的点集，$E=\{e_1, e_2, \cdots, e_n\}$ 为连接各点间的弧集，h_i 为顶点 v_i 的权重，b_i 为弧 e_i 的长度，G 中任意两点 x 和 y，$d(x, y)$ 代表连接点和点的最短路径。

城市是由众多的住宅区域和一些特殊的部门组成的，如果将它们看成是网络中的顶点，将它们发生事故的频率作为顶点的权重，将连接它们的道路看成是网络中的弧，考虑到应急系统的高时间响应性和系统运行的有效性，整个应急系统就可以抽象成一个无向赋权图，相应地，应急设施点选址问题可以转化为以下的数学问题。

$$\min \sum h_i * d(v_i, x)$$

$$\text{s.t.} \max_{1\leqslant i\leqslant n} d(v_i, x) \leqslant u, \quad x\in G$$

---

① 荷兰人，计算机科学家，提出著名的迪杰斯特拉算法即最短路径算法，获得过素有计算机科学界的诺贝尔奖之称的图灵奖。

使 $z_m(x)=\sum h_i*d(v_i, x)$ 最小的点 x_m 叫做 G 的绝对中位点，使 $z_c(x)=\max_{1\leq i\leq n}d(v_i, x)$ 最小的点 x_c 叫做 G 的绝对中心点，其中 $u\in[z_c(m_c), z_c(x_m)]$。

以下是遗传算法的基本求解步骤。

1. 编码方案

首先按顺序给 G 中的弧以自然数方式编号，因为 G 是无向图，可以规定弧的方向都是从上到下、从左往右的。然后采用顺序编码并结合二进制编码的方案进行编码，每个染色体编码包括两个部分，前半部分采用顺序编码，对应 G 上的弧；后半部分采用二进制编码，表示相对长度。染色体结构为：顺序弧编码｜二进制相对长度编码。

基因型和表现型的对应关系为：弧编码直接对应，对于二进制编码，先将其转化成十进制整数，然后再乘以相应的弧长，得到的结果表示从弧尾开始到表现型的这个点的长度。

2. 适应度函数

在遗传算法中，为了体现染色体的适应能力，引进了对问题中每一个染色体都能进行度量的函数，叫适应度函数。由于该数学问题求解的是最小值问题，而且图 G 上任意两点的距离都是正值，所以可以设置一个常量 Cmax，其值为网络图中所有的弧的权重值之和，当个体满足 $\max_{1\leq i\leq n}d(v_i, x)\leq u$ 时，其适应度值为 Cmax 减去 $\sum h_i*d(v_i, x)$ 的差；当个体不满足 $\max_{1\leq i\leq n}d(v_i, x)\leq u$ 时，其适应度值为 0。

3. 遗传操作

遗传操作包括三个基本遗传算子：选择、交叉、变异。

(1) 选择操作。

从群体中选择优胜的个体并淘汰劣质个体的操作叫做选择。在数学问题中，选择操作的目的是把优化的解直接遗传到下一代。选择的方法有很多种，其中比较常用的是轮盘赌选择法，这也是最简单的选择方法。在该方法中，各个个体的选择概率和其适应度值成比例。

该数学问题的选择操作采用了轮盘赌方法，假设群体的大小为 M，个体 i 的适应度值为 F_i，则个体 i 被选择的概率为：

$P_i=F_i/\sum F_i\ (i=1, 2, \cdots, M)$

显然，概率反映了个体 i 的适应度值在整个群体的个体适应度值总和中所占的比例。个体适应度值越大，其被选择的概率就越高；反之，适应度值越低的个体被选中的概率也就越小。

为了防止选择、交叉、变异等遗传操作破坏当前群体中适应度最好的个体，不能让当前群体中适应度最高的个体参与交叉和变异操作，而要用它来替换掉本代群体中经过交叉、变异等遗传操作后产生的适应度值最低的那个个体。

（2）交叉操作。

在遗传算法中起核心作用的是遗传操作的交叉算子。所谓交叉是指把两个父代个体的部分结构加以替换重组而生成新个体的操作。交叉操作对个体编码的前后两个部分分别采用不同的交叉策略，对顺序弧编码部分采取整体交叉，对二进制相对长度编码部分采用单点交叉算子，即在编码串中随机设置一个交叉点，然后在该点相互交换两个配对个体的部分染色体。

（3）变异操作。

基本变异算子是指对群体中的个体编码串随机挑选一个或多个基因座，并变动这些基因座的基因值。依据个体编码表示方法的不同，有两种变异算法，分别是实值变异和二进制变异。通常情况下，变异算子操作的基本步骤是：第一，对群体中所有个体以事先设定的编译概率判断是否进行变异。第二，对进行变异的个体随机选择变异位进行变异。

在该数学问题中，只对染色体的二进制相对长度编码部分进行变异，在一定的概率 P_m 下，对二进制编码串所表示的个体，若需要进行变异操作的某一基因座上的原有基因值为0，则变异操作将该基因值变为1；反之，若原有基因值为1，则变异的结果为0。

（4）遗传参数。

根据问题的复杂程度，群体规模 M 一般设置为80，交叉概率 P_c 设置为0.8，变异概率 P_m 设置为0.05。

4. 终止条件

当最优个体的适应度达到给定的阈值，或者最优个体的适应度值和群体适应度值不再上升时，或者迭代次数达到预设的代数时，算法终止。预设的代数一般设置为100~500代。

（二）最大覆盖问题

重心法在仓库选址中的应用非常广泛，但重心法考虑的是费用最小问题，而大部分的应急仓库的选址用费用最小作为选址目标是不符合实际情况的，也是不符合建设应急仓库的初衷的。这时可以用覆盖模型来分析选址决策。覆盖问题主要有两种基本的模型：集合覆盖模型和最大覆盖模型。集合覆盖模型研究的是在满足所有需求点的前提下，设施点的建设费用最小的问题，因此不适用于应急仓库的选址。最大覆盖模型是研究在给定数量的设施下，覆盖尽可能多的需求点。最大覆盖选址问题的一个关键的假设是覆盖度是二元的，即任意一个节点要么被完全覆盖，要么完全不被覆盖。

1. 问题描述

设 S_1，S_2，…，S_n为应急物流系统的 n 个可供选择的应急仓库备选点，D_1，D_2，…，D_m为应急系统的 m 个应急物资需求点。t_{ij}表示由一个应急仓库 S_j运输物资到需求点 D_i所需时间（$i=1$，2，…，m；$j=1$，2，…，n），如果每个应急物资需求点 D_i出现应急需求时的最大响应时间 R 是一个模糊数，w_i为需求点 D_i的价值指标（如人口等指标），每个应急物资储备库的建设经营费用相同。综合考虑受资金预算的限制和某些需求点突发事件发生的可能性，需要从可供选择的仓库地点中确定 p 个地点建设应急仓库。因此，最大覆盖问题是如何选择应急仓库的位置，使得被覆盖到的需求点的价值总和达到最大。

2. 模型的建立

设决策变量 x_j为 0～1 的变量，当应急仓库选点 S_j被选中时，x_j取 1；当应急物资储备库备选点 S_j未被选中时，x_j取 0。再取 0～1 的决策变量 y_i，当需求点 D_i被覆盖时，y_i取 1；当需求点 D_i未被覆盖时，y_i取 0。记所有能覆盖应急物资需求点 D_i的备选应急仓库的集合为 $N_i=\{j \mid t_{ij}\leqslant \overset{0}{R}\}$（$i=1$，2，…，$m$；$j=1$，2，…，$n$），其中 $t_{ij}\leqslant \overset{0}{R}$ 为模糊约束，则被覆盖到的需求点价值总和最大的应急仓库选址模型为：

$$\max z=\sum_{i=1}^{m} w_i y_i \tag{1}$$

$$\text{s.t.} \sum_{j \in N_i} x_i - y_i \geqslant 0 \quad (i=1, 2, \cdots, m) \tag{2}$$

$$\sum_{j=1}^{n} x_j = p \tag{3}$$

$$x_j, \ y_i \in \{0, 1\} \quad (i=1, 2, \cdots, m; \ j=1, 2, \cdots, n) \tag{4}$$

在以上的式子中，目标函数（1）表示被覆盖到的需求点的总价值最大，约束条件（2）表示选定的应急物资储备库覆盖需求点 D_i，约束条件（3）表示被选中的应急仓库的数量为 p，约束条件（4）表示决策变量 x_j和 y_i均为 0～1 的变量。

3. 模型的解法

经典的线性规划问题是将资源约束、价值系数等看作常数，但现实当中资源约束等可能是不确定的或模糊的。很多人都对约束条件中含有模糊参数的数学规划问题进行了深入的研究，比较有代表性的是非对称模型和对称模型，它们是求解模糊线性规划模型的两种有效方法。本书主要基于非对称模型讨论约束中含模糊参数的应急仓库最大覆盖模型的求解方法。

设 $\overset{0}{R}=[r,\ r+p]$，p 为事先给定的容差，$t_{ij}\leqslant\overset{0}{R}$（$i=1,\ 2,\ \cdots,\ m$；$j=1,\ 2,\ \cdots,\ n$）表示模糊约束，其隶属函数为连续单调函数：

$$u_i(t)=\begin{cases}1 & t_{ij}\leqslant r\\ 1-\dfrac{t_{ij}-r}{p} & r\leqslant t_{ij}\leqslant r+p\\ 0 & t_{ij}>r+p\end{cases}\tag{5}$$

该隶属函数表明，若 $t_{ij}\leqslant r$，则第 i 个应急仓库完全满足应急物资需求点的响应要求，$u_i(t)=1$。若 $t_{ij}>r+p$，则第 i 个应急仓库完全不满足应急物资需求点的响应要求，$u_i(t)=0$。若 $r\leqslant t_{ij}\leqslant r+p$，则隶属函数单调减少，即应急响应时间越长，决策者感觉越难满意。

设 $\alpha\in[0,\ 1]$ 表示决策者对应急响应时间的最小接受度，由 $u_i(t)\geqslant\alpha$ 可得：

$$1-\frac{t_{ij}-r}{p}\geqslant\alpha$$

整理得：

$$t_{ij}\leqslant r+(1-\alpha)\ p$$

于是可得基于最小接受度 α 的覆盖集 $N_{i\alpha}$：

$$N_{i\alpha}=\{j\mid t_{ij}\leqslant r+(1-\alpha)\ p\}\tag{6}$$

则有模糊集下的应急物资储备库最大覆盖模型，（1）~（4）可转化为：

$$\max\ z=\sum_{i=1}^{m}w_iy_i\tag{7}$$

$$\text{s.t.}\ \sum_{j\in N_{i\alpha}}x_j-y_i\geqslant0\ (i=1,\ 2,\ \cdots,\ m)\tag{8}$$

$$\sum_{j=1}^{n}x_j=p\tag{9}$$

$$x_j,\ y_i\in\{0,\ 1\}\ (i=1,\ 2,\ \cdots,\ m;\ j=1,\ 2,\ \cdots,\ n)\tag{10}$$

具体计算过程如下：

步骤1：决策者根据客观事实及个人偏好，确定模糊约束的最小接受度 α；

步骤2：确定隶属函数（5），将最小接受度 α 代入式（6），计算覆盖集 $N_{i\alpha}$；

步骤3：将覆盖集 $N_{i\alpha}$ 代入模型（1）~（4），化约束条件（2）为线性不等式，从而可得整数线性规划模型；

步骤4：利用单纯形法或分支定界法求解所得模型，得到问题的最优解。

四、应急仓库选址的方法——多目标优化的选址方法

多目标优化的应急仓库选址问题，是一个涉及诸多影响因素的综合决策问

题，在选址的过程中各因素都有不同程度的影响，只有将各影响因素综合起来考虑，才能使应急储备中心的选址决策更合理、更具科学性。通常，在进行应急仓库选址决策时应主要考虑中心建设的自然条件、运营成本、建设费用及其功能适应性条件等指标。应急仓库选址评价指标体系见下表。

应急仓库选址评价指标体系表

目　标	二级指标	三级指标
应急仓库选址	自然条件	气象条件
		物流费用
		地形地貌条件
	运营成本	物流服务水平
		物流费用
		劳动力条件
	建设费用	投资成本
		地价因素
	功能适应性条件	与应急物流功能的适应性
		交通运输条件
		尾气及噪声污染

（一）综合因素评价法

综合因素评价法是基于影响设施选址的诸多因素而设计出的一种定量分析方法，通过对非经济因素进行定量分析从而确定选址。它是基于数理统计与概率论分析问题的方法，将非经济因素进行量化处理，然后用一定的方法计算各选址方案得分，得分高的方案为最佳方案。

1. 加权因素法

若在仓库选址中仅对影响仓库选址的非经济因素进行量化分析评价，一般可以采用加权因素法。

加权因素法是指找出设施选择的各种影响因素，根据各因素的重要程度确定相应的权数；将各因素由优到劣分成不同等级，并相应规定各等级的分数；将每个因素中各方案的排队等级分数乘以该因素的相应权数，得到各候选方案的总得分，得分最高的候选方案所对应的位置即是设施的地址。以下是加权因素法的应用步骤：

（1）确定评价因素。

根据仓库选址的基本要求确定所要考虑的非经济因素。

（2）确定各评价因素的权重。

对所确定的非经济因素通过决策者或专家打分，再求平均值的方法确定其权重，权重大小可界定为1~10。

（3）确定各评价因素的等级。

专家就每个备选场址对各评价因素由优到劣进行评级，可分为五级，用五个元音字母A、E、I、O、U表示。各个级别分别对应不同的分数，$A=4$分、$E=3$分、$I=2$分、$O=1$分、$U=0$分。

（4）计算评价结果。

将每个评价因素的权重乘以其对应选址方案中该级别的分数，得到该因素所得分数。

（5）确定最佳方案。

将各方案的各评价因素所得分数相加，可以得出各方案的分数，分数最高的方案则为最佳选址方案。

本方法适用于各种非经济因素比较，运用本方法的关键是合理确定权数和等级。如果有若干个决策部门，则可取它们的平均值。加权因素法可以分别用于地区选择和地点选择，也可以用于分级计分，即先后对若干地区方案和相应的地点方案分别进行计分，然后将地区得分和地点得分相加，按总分进行比较。

2. 因次分析法

因次分析法是将经济因素（成本因素）和非经济因素（非成本因素）按照相对重要程度统一起来，确定各因素的重要性因子和各因素的权重比率，按重要程度计算各方案的场址重要性指标，以场址重要性指标最高的方案作为最佳方案。

在因次分析法中，设经济因素的相对重要性为M，非经济因素的相对重要性为N，两者的重要程度之比为$m:n$，则有$M=m/(m+n)$，$N=n/(m+n)$，其中$n+m=1$。以下是因次分析法的求解过程。

（1）确定经济因素的重要性因子T_j。

要对某一应急仓库进行选址，假设有n个备选场址方案，C_i为每一个备选场址方案的各种经济因素所反映的货币量之和，即该备选场址方案总的经济成本，则有：

$$T_j = \frac{\frac{1}{C_i}}{\sum_{i=1}^{k}\frac{1}{C_i}}$$

从以上的公式可以看出，经济因素的重要性用成本的倒数来衡量。之所以用成本的倒数，是为了和非经济因素统一。因为非经济因素越重要，其指标就越大，而经济成本就越高，经济性就越差，因此，用成本的倒数来进行比较，计算结果数值大者经济性好。

（2）确定非经济因素的重要性因子 T_f。

①确定单一非经济因素对于不同候选场址的重要性。即就单一因素将被选场址两两比较，设较好的比重值为1，较差的比重值为0。将各方案的比重值分别除以所有方案的比重值之和，得到单一因素相对于不同场址的重要性因子 T_d，计算公式为：

$$T_d = \frac{W_j}{\sum_{j=1}^{k} W_j}$$

式中：

T_d——单一因素对于备选场址 j 的重要性因子；

W_j——单一因子所获得的比重值；

$\sum_{j=1}^{k} W_j$——单一因素对于各备选场址的总比重值之和。

②确定各个因素的权重比率 G_i。对于不同的因素，确定其权重比率 G_i，可以用上面两两相比的方法，也可以由专家根据经验确定，所有因素的权重比率之和为1。

③将单一因素的重要性因子乘以其权重，将各种因素的乘积相加，得到非经济因素对各个候选场址的重要性因子 T_f，计算公式为：

$$T_f = \sum_{i=1}^{k} (G_i * T_{di})$$

式中：

T_{di}——非经济因素 i 对某备选场址的重要程度；

G_i——非经济因素 i 的权重比率；

k——非经济因素的数目。

④将经济因素的重要性因子和非经济因素的重要性因子按重要程度叠加，得到该场址的重要性指标 C_i。

$$C_i = M * T_j + N * T_f$$

式中：

C_i——场址方案的重要性指标（重要性指标最高者为最佳方案）；

T_j——经济因素的重要性因子；

T_f——非经济因素的重要性因子；

M——经济因素的相对重要性；

N——非经济因素的相对重要性。

（二）模糊综合评价法

模糊综合评价法是指采用模糊数学中的相关知识来对应急仓库选址的各影响因素进行描述，在定性分析的基础上，利用模糊集理论和多目标决策分析的知识建立应急仓库的选址模型，通过相对偏差模糊矩阵评价法综合分析各种因素，以确定出最合理的选址方案。

1. 选址模型相关参数的说明

在应急仓库选址决策过程中，初步分析共有 n 个备选方案，有 H 个准则，共有 m 个影响因素，为了便于表述，设 $U=\{u_1, u_2, \cdots, u_n\}$ 是待评价的 n 个方案集合，$V=\{v_1, v_2, \cdots, v_m\}$ 是评价因素集合，将 U 中的每个方案用 V 中的每个因素进行衡量得到一个观测值矩阵，如下所示：

$$A=\begin{Bmatrix} a_{11} & \cdots & a_{1n} \\ \vdots & \ddots & \vdots \\ a_{m1} & \cdots & a_{mn} \end{Bmatrix}$$

其中 a_{ij} 表示第 j 个方案关于第 i 项评价因素的指标值。同时，建立理想选址方案 $u=(u_1^0, u_2^0, \cdots, u_n^0)$，$R=(r_{ij})_{m*n}$ 为相对偏差模糊矩阵，r_{ij} 表示第 j 个方案关于第 i 项评价因素理想值的相对偏差程度，w_{ij} 表示各个评价因素的权数，综合评价模型用 $F_{ij}=\sum_{i=1}^{m} w_i r_{ij}$ $(j=1, 2, \cdots, n)$ 表示。

2. 相对偏差模糊矩阵评价过程

采用相对偏差模糊矩阵评价的方法对应急仓库的选址决策方案进行评定时，其一般步骤如下：

（1）建立理想选址方案。

在分析设施点选址问题的过程中，通常都希望能达到一种理想的状态，从而满足所希望达到的目标，这样一种状态下的布局方案被称为理想选址方案。这里用 $u=(u_1^0, u_2^0, \cdots, u_n^0)$ 来表示理想选址方案。其中：

$$u_i^0=\begin{cases} \max\ \{a_{ij}\} & （当\ a_{ij}\ 为效益性指标时） \\ \min\ \{a_{ij}\} & （当\ a_{ij}\ 为成本性指标时） \end{cases}$$

（2）建立相对偏差模糊矩阵 R。

为了说明各个方案中每一项评价因素与理想指标值之间的相对偏差程度，需要建立相对偏差模糊矩阵，如下所示：

$$R=\begin{Bmatrix} r_{11} & k & r_{1n} \\ M & O & M \\ r_{m1} & L & r_{mn} \end{Bmatrix}$$

其中：

$$r_{ij}=\frac{|a_{ij}-u_1^0|}{\max\{a_{ij}\}-\min\{a_{ij}\}} \tag{1}$$

r_{ij}表示第 j 个方案关于第 i 项评价因素理想值的相对偏差程度。

（3）确定各个评价指标的权数。

建立权向量的方法很多，有变异系数法、相关系数法、特征向量法、夹角余弦赋权法、熵值法、主客观综合赋权法以及隶属函数、层次分析法等一系列确定各个指标权数的方法。在这里采用变异系数法来确定权向量，对作出的综合评价进行分析与比较。

计算各指标的变异系数公式如下所示：

$$v_i=\frac{S_i}{|\bar{x}_i|} \tag{2}$$

其中：

$$\bar{x}_i=\frac{1}{n}\sum_{j=1}^{n}r_{ij} \tag{3}$$

$\bar{x}_i$为第 i 项指标的平均值。

$$s_i^2=\frac{1}{n-1}\sum_{j=1}^{n}(r_{ij}-\bar{x}_i)^2 \tag{4}$$

s_i^2 为第 i 项指标值的方差。对 v_i 进行归一化，即可得到：

$$w_i=\frac{v_i}{\sum_{i=1}^{11}v_i} \tag{5}$$

w_i 表示各个指标的权数。

（4）建立综合评价模型。

在使用模糊综合评价法时，要对评价指标进行处理，得出各项备选方案的优劣，以此为依据选定最终的布局决策方案。在此，通过建立如下综合评价模型对评级结果进行评定。

$$F_j=\sum_{i=1}^{m}w_ir_{ij}\quad(j=1,2,\cdots,n)$$

对所有 F_j 进行排序，可得到各个方案的优劣顺序，F_j 的值越小说明该方案越理想；反之，则说明方案越差。例如，若 $F_p<F_q$，则第 p 个方案排在第 q 个方案前面，即第 p 个方案比第 q 个方案要理想。

（三）模拟法

以上的选址方法，虽然能提供数学最优解的选址模型，但这种最优解可能并不比模型对问题实际情况的描述更好。因此，一些人认为应该首先对问题进行准确的描述，这些倡导者常常使用模拟法进行规划，他们强调对问题的准确描述，宁愿接受改良的次优解，也不采用对问题作笼统描述的最优解。

模拟模型在求解的精确性上要低于数学优化模型，但由于它能满足“在全面反映实际问题的基础上求出满意解”的要求，且简单易懂，因而受到广泛的重视。

模拟设施选址模型指以代数和逻辑语言作出的对物流系统的数学表述，在计算机的帮助下可以对模型进行处理。算术模型寻求的是最佳的仓库数量、最佳的仓库位置、最佳的仓库规模，而模拟模型则试图在给定多个仓库、多个分配方案的条件下，反复试用模型，找出最佳的网络设计方法。其分析结果的质量和效率取决于使用者选择分析地点时的技巧和洞察力。

阅读材料 2.2

困境：公路货运

一、600 平方米仓库一年租金 13 万元　货车光跑仓库每年油费 10 万元

一包牛肉干出厂价是 4.2 元，在超市中的售价是 6.8 元，价格上涨约 0.6 倍。这中间的差价都消耗在哪些环节上了呢？燃油费、过路过桥费、各种名目的罚款、超市的进场费都是差价耗费的环节，除此之外，还有一种费用也要算在其中，那就是仓储的费用。下面就以牛肉干为例来看看仓储的成本有多大。

魏书是重庆牛郎汉牛肉干生产企业的生产商，他们的产品并不直接从企业发送到各地卖场，而是由各地的代理商分销给卖场和超市。这样一包牛肉干，通过网络销售和实体店销售，价格上涨将近两倍，除了常被提及的运输费、要缴纳的过路过桥费，还会有哪些意想不到的流通成本呢？

在牛郎汉牛肉干重庆的生产基地，牛肉经过清洗、卤煮、煎炸、切割和分装，最后变成了一包包各种口味的牛肉干。算上材料费、人工费等各种成本，每包牛肉干以 4.2 元左右的出厂价走上发往北京的路。

牛郎汉的车到了北京北五环外的仓库，这个仓库是牛郎汉产品到达北京的第一站。牛郎汉牛肉干目前在北京的销售方式是区域代理，他们在北京设立了 5 家区域总代理，北京各卖场、超市、零售点的牛郎汉牛肉干，由这 5 家总代理进行分销。许可夫就是牛郎汉产品在北京的 5 家总代理之一，他说：“仓储成本是一

笔不小的开支，每天的租金是一平方米五六毛钱，我的仓库是600平方米。”

许可夫表示，这个仓库每天要花去约360元，一年下来租金就是13万元以上。虽说仓库里搭配着储存了各种食品，分担了商品成本，但是高租金还是令人头疼。

这几年北京的仓库租金逐年看涨，北五环的仓库租金跟2008年相比涨幅高达30%。仓库租金越来越贵，仓库也越来越难找。这个600平方米的仓库根本不够用，这些天，许可夫天天都在找新的仓库。现在仓库的资源很少，有朋友推荐了北京市郊一些农户自己盖的仓库，但是租金也不低，而且储藏条件很难令人满意。许可夫说：“我们犯愁的就是，因为我们是经营食品的，在选库房的时候，很难找到满足食品存储条件的库房。食品潮了，超市就不要我的这个产品，我们还得跟厂家要新的东西，重新包装一次。”

许可夫为了找到称心的仓库，在东面、西面和北面的五环跑了个遍。虽然有很多经销商如今都在更远的地方找仓库，他之所以还不放弃五环，实在是因为现在的油费太贵了，他们跑不起。

许可夫算了这么一笔账，如果仓库到了六环以外，假如说每一次运输的距离要增加20公里，那往返就要增加40公里，一辆运输车每百公里要18个油，每一次运输都要增加40公里，按照这个百分比的油耗算出增加的费用，以每天出5辆车计算，如果仓库从五环搬至六环，仅仅是来回跑路，一天就得增加近300元的运输成本，一年就得增加10万元。作为总代理，他们的赢利情况一般，一包60克牛肉干，出厂价是4.2元，他以4.5元的价格再卖给二级代理商或者是卖场，一包牛肉干挣3毛钱。

以前城市房租没那么贵，仓库也没那么难找，但是现在北京寸土寸金，在五环很难找到仓库，市里边就更难了。另外，有些卖场为了减少自己的存货负担，要求每次送货数量减少，频繁送货，这也加大了代理商的成本。许可夫说：“送到超市的门店，运输一次往返需要100块钱，他要10箱货，我花100块钱，他要100箱，我也是花100块钱的运输费，它的运输费差距不是很大的，但你想想它们的运输成本却会差10倍。”

销售牛肉干的几家超市的工作人员也坦诚，因为一些原因，他们的进货方式确实是量少而且频繁。一位超市工作人员介绍道：“每次进货量也不是很大。一次进货量可能在10箱、8箱左右。那么我柜台上面的临时存放商品的货架，足以存放它一周的销量。”

这种进货方式其实也是无奈之举，因为对于地处繁华地段的超市来说，要找到存放商品的仓库实在是太难了。超市工作人员还表示：“我们的库房跟我们的销售相比确实是紧张一些，比如600平方米的库房，当时办公区占到150平方米，1/4是办公区，在经营开业几天之后，我们把这150平方米也给改为库房了。”

在超市电梯一边的狭小空间里，也已经堆满了货物，每一排货架的上面，也都摞着至少两层商品。其他几家超市和卖场都有类似的状况。卖场工作人员表示，很多卖场是没有仓库的，这家超市早些年是个百货商场，所以才有了这个地下仓库，但是除此之外，他们也很难再有扩容的空间用来储存货物。

经过两次周转，这样一包牛肉干终于摆上了零售商的柜台，加上各种运输成本、人工成本、进场费，牛郎汉产品的价格也从出厂价 4.2 元变成了 6.8 元。经销商和卖场管理者表示，这个过程中围绕仓储产生的成本到底是多少，他们都没有仔细计算过，但是围绕仓储产生的成本确实比前几年提高了很多。物流协会的数据显示，存储成本占整体物流成本的1/3，目前仓储成本逐年上涨的，给流通带来的压力凸显，肯定会在一定程度上影响商品价格。

二、寸土寸金的北京城　仓储企业难寻仓库

实际上不光是许可夫，很多代理商都在为仓库的事情大伤脑筋。拿北京来说，三环、四环已经是寸土寸金，但是大型商场和超市基本上都集中在市中心，要想在超市周边寻找一个动辄需要上万平方米的仓库可不是一件容易的事情，现在连六环之内都很难找到适合做仓库的地方了，经销商已处于进退两难的境地。

马京桥这段时间很郁闷，因为他经营的一片仓库又面临着拆迁。他说："公司在这个地方一共有 30 000 平方米的仓库，那边有 15 000 平方米，这边有 15 000平方米，这是我们在 2005 年的时候建的，但是现在朝阳区要把它改造成高档的商务区。"这片地位于朝阳区东侧，原本是一片农业用地，几年前，马京桥和村委会协定了 10 年期租赁协议，在这里修建起了这一片仓库。

但没想到合同刚刚履行一半，就不得不因为城市的扩张而被迫中止。关于拆迁的日期众说纷纭，这让众多租赁仓库的商家心神不宁，每次马京桥一露面，就会有商家来询问他是否找到了新仓库。新仓库的远近对整个运营成本的影响很大，首先，北京是一个寸土寸金的地方，再者，百货店都在城区里面，距离比较远，配送是一个大的问题，并且距离远近牵动运输成本。

商家都希望新仓库的地址最好能在六环之内，这样会减少他们的配送成本。为了找到一块合适的用地，马京桥天天开车在郊区转悠。虽然有很多朋友介绍，但谈成功的很少，寻找合适的仓库难度很大。

每次经过一片枣树地，马京桥总忍不住停下车来待一会儿。就在一年前，这片交通位置优良的地段差点就成为他的仓储用地。"这地方，是京承高速公路的一个出口，整个道路交通的情况也都非常好，很适合做这个行业。当时我们都快签合同了，价格什么都谈好了，但是突然就来一个政策，整个地区现在所有土地都不能出租了，说是看看以后是做房地产项目，还是做一些其他的项目。"

这片地在马京桥办公室挂着的地图上，只是 30 多个小圈之一。每一个小圈代表了一个他这一年多来曾经洽谈过的地块，但每一个圈也都代表了一次失败的尝试。马京桥说："这些地都是经过几轮的谈判，想把它租下来，继续做我们的产业，但是由于产业政策的变化，特别是北京城乡一体化的改造，还有房地产开发的速度，城市扩张的速度太快了。到了2010年以后，就没法再设在五环内，连六环之内都不行了，都要到六环外头，这已经到六环外头了，到通县去找，还有大兴去找，还有门头沟我们也找过，门头沟山里的我们都去找过。"这张地图的中间有几个小叉，那是代表已经拆掉的仓库。马京桥说，公司仓库从三环退到六环，在短短三年间，仓库位置越来越偏远，而仓库的面积也越来越小，三年内公司的仓库面积减少了7万多平方米。马京桥说："成本就越来越高，反正最后成本肯定是要转嫁到底下商户的身上，从今年年初开始，这个价格的涨幅就非常大，涨了将近20%～30%。"

马京桥说，公司都是租用农村集体用地自建仓库出租，而这一做法从严格意义上来说并不合法，而且随着北京急速推进的城市化进程，这些仓库随时都面临着拆迁的可能，这加大了企业的经营风险。对此，马京桥非常无奈："在农村寻找，实际上租用的建筑应该不算很合法，都是临时建筑，或者有些是由过去的乡镇企业的房屋改造而成。但实际上，作为我们运营企业来说，我们只能在这样一个边远的地带做，因为现在国家没有一个产业政策来扶持整个仓储行业，给你提供这样的一片土地。"

像马京桥这样频繁遭遇拆迁的仓储企业在北京并非个案。中国物资储运协会会长姜超峰一直对市内仓库面积的萎缩忧心忡忡，他说："现在我们有20%的会员往城外搬，我估计在五年之后，大约有40%的仓库需要往城外搬。但是在城外也有一个问题，城市规划并没有规划新的物流用地，我们又拿不到地，那么就意味着这些仓储企业五年之后就要消失，然后新的仓储企业可能会在新的地方诞生。"

实际上，在三年前，马京桥为不断变化的仓库位置焦头烂额的时候，也尝试过去找北京几个大型物流园区洽谈，想在那里安定下来。他说："像这种国家大型的物流园区，它的进入门槛比较高，第一句就问你的产值是多少，你能给他带来多大的税收，因为大家也知道，仓储行业整个产值还不是很高。"

与马京桥比起来，王先生负责的一家国有的物流企业似乎幸运很多，早在2002年，这家企业就通过置换，在通州物流产业基地拥有了一席之地。但是王先生不得不面对更大的成本压力。他说："租用物流基地之外的仓库的好多企业，租金都非常低，而我们这种企业的投入是非常多的，如果目前按6万平方米算的话，我们一年的收入，从仓库、出租的角度，不到2 000万。加上好多费用，包括人工费、管理费，再加上折旧，应该说我们回报期至少要20年。"

三、义乌电子商务一年增长300% 仓储缺口20万平方米以上

一年跑30多个地方，每次都以失败告终，不但如此，马京桥的仓库一搬再搬，三年内仓库的位置从三环搬到了六环。仓库的租金却连年上涨，再加上增加的运输成本，马京桥实在是有些无奈了。除了涨价，他没有别的办法应对。然而，不光是像北京这样的一线城市存在仓库难找的困境，在一些二三线城市也同样面临这样的难题。

一年半前，义乌汇奇思贸易有限公司经理华强还正为找到一个总面积接近两万平方米的仓库而庆幸。他说："这边就是咱们的仓库，这边就是货架形式，这一层楼接近2 000平方米的面积，这边仓库是四层，对面商城那边，是我们公司去年底刚租的，3 000平方米的面积，用来放整箱的货物。"但是没想到，仅仅过了8个月，因为公司规模的快速扩大，这个仓库也不够用了。于是华强不得不在附近又租下了3 000平方米左右的厂房作为仓库，暂时解决了仓储问题，但他也不得不为两个仓库之间的来回倒腾付出更多的成本，公司的专职驾驶员每天在两个仓库之间要跑七八趟。由于货物储存不在同一个区域，货物的监管、货物的安全、消防的安全、人工管理、价值管理以及车辆管理方面难度都相应加大。

华强表示，他不是不想改变，但很难再找到面积和位置都满足需求的仓库。他说："我们一直在找，所以增加这个厂房，但是地是有限的，没有更多的仓库可以增加进来，缺口至少是1万平方米。"

经营着一个玩具连锁品牌的童元智，原本为了省心，选择了第三方仓储服务。但是现在随着业务的发展，已经出现了爆仓的情况，而这家公司也无法再提供更宽敞的仓库。他说："现在是爆满，并且客户催着，但我们目前没有仓库，你看现在我们的商品都堆得蛮高，而且已经占用通道，我们仓储面积现在最少缺口是在500平方米左右。到年底的话，我们的需求是3 500～4 000平方米，目前我们总共只有1 700平方米，差了一半。"

眼下马上就是儿童节的销售高峰，再过几天，又会来一大批货，这让童元智再也坐不住了，于是准备自己去找合适的仓库。现在他只要有空就开着车满大街找仓库。他说："这一次想找一个单层面积三四千平方米的仓库，另外还有一个问题，就是租金方面的成本测算，因为现在电子商务毛利率还是比较低，所以要综合考虑，找是比较难找，但是一定要找，这也是成长的烦恼。"

近年来，随着义乌电子商务的快速发展，对仓库的需求也出现了大幅度增长，尽管租金每年以超过10%的速度递增，但仍然保持着供不应求的局面。义乌整个电子商务这些年基本上以翻番速度在增长，有些一年甚至能增长300%以上，仓储业的缺口可能在20万平方米以上。

巨大的供应缺口让第三方仓储企业也一筹莫展，因为这几个月来仓库频频告

急。佰川物流公司的项目经理付闻这天又冒雨来到工业区试试运气。他曾参观一座在建的仓库，但进去以后，他发现室内层高太低，无法达到仓储的要求。他说：“如果有消防管道，仓库有两米多高，而如果去掉消防管道是三米多。比如像一些电子商务的客户，它的产品非常繁杂，但因为他们都是整箱来货，整箱的高度就相对大，如果层高太低，那么能占用的空间就会非常狭隘。”

付闻从一个多月前就开始到处找仓库，发现专业仓库实在很难找到，于是他决定去一座在建的厂房碰碰运气，看是否能改建成仓库，但是结果还是让他很失望：“因为整个是一个环形，他们的跑动距离、时效性就会增加，整个环形的这样一个构造，使他们员工之间的奔波距离增加，配货效率就会慢慢降低，而且这对于他们配送也很不方便。”

又继续看了好几个点之后，付闻终于发现了一个各方面条件都比较能够满足需求的库房，但是打听到租金之后，他又犯了愁：“底层租金是22~23元/平方米，虽然越往高层越递减，但整个算下来每年也比其他仓库租金贵20万~30万元。我们也跟他们讨价还价过，但义乌的仓库已经远远不能满足现在电子商务企业发展的需要，他们现在有这种把握，也有这种思想，所以不会再降这个价格，你不来租，其他电子商务企业一定会来租这个仓库的。”

四、解决仓储难题　重点在于让物流摆脱仓储依赖

仓储难是整个物流业存在的普遍现象，原因就在于仓储必须占用大量土地，而土地在眼下的中国已经变成了一种稀缺资源，越是需要大量商品流通的地方，经济越是发达，而经济越是发达的地方地价就越贵。这似乎进入一个恶性循环的死胡同，如何破解这道难题呢？

中国仓储协会会长沈绍基认为，仓储确实已经成了制约物流行业发展，并且一定程度上是推高流通成本的一个棘手的问题。他说：“根据我们协会掌握的情况，15年前中国仓储面积应该就在5亿平方米左右，到现在为止也是这么多，我们感觉这些年城市拆迁规划的调整，应该已经拆掉了大概百分之三四十。我们感觉未来‘十二五’期间还有一批仓库要拆，这个是没有办法的，是一个必然的现象。”

仓库资源的供不应求，加上仓库地点的不断外迁，无形中推动了整个社会的仓储成本。根据国家发改委等部门的统计，2010年我国社会物流总费用与GDP的比率为17.8%，与2009年基本持平，但是其中保管费用同比增长20.5%，达到2.4万亿元。仓库资源的供不应求会影响一个城市物流的畅通，人们每天都要生活，每天需要大量物资进城，而城市里面生产的东西也大量通过仓储中心往外运转，所以没有仓储，会造成仓库紧缺，价格暴涨。

有数据显示，存储成本占整体物流成本的1/3，占国内生产总值的5.9%，存储成本的不断增加，有可能使中国本已居高不下的物价上涨压力增大。仓储的成本上升之后，就会带动生活用品的价格上升，推动通货膨胀。

随着近几年楼市的火爆，仓储用地也一路高涨，在很多地方，已经没地可用。仓储用地的压力将会继续增大。专家分析，与日益发展成熟的零售终端相比，与之相关的物流领域还没有形成配套的发展。不少仓储公司没有专业的食品仓储和运输设备，业内估计这部分商品损耗可能高达10%。根据世邦魏理仕（全球知名的综合性地产咨询公司）的研究报告，中国5.5亿平方米的存储空间中，只有580万平方米可以算得上是“甲级”现代物流设施。由于住宅或商业用地获取利润较高，所以在规划新开发区时，地方政府一般更愿意分配土地作为住宅及商业规划区，以及能够带来收入和增加就业机会的园区办公楼、工厂和研发设施。而开发存储设施能够直接带来的业务流程和就业机会增加极其有限，因而拿地很困难。从现实来看，依靠批地建仓库来解决仓储难题似乎根本行不通，那么仓储难题如何解决呢？中国物资储运协会会长姜超峰带着疑问走访了日本。

20世纪60—70年代是日本经济高度发展的时期，由于日本政府对物流业实行了诸多严格的限制，致使物流成本非常高。但是日本政府将物流定义为支撑国民生活及产业活动的一项重要功能，早在1964年就开始对物流产业发展进行调控，1966年制定了《流通业务市街的整顿法》，1969年形成了日本全国范围物流体系的宏观规划，1996年又颁布了《综合物流施策大纲》加以规划、促进、完善物流业。依据实施的状况和形成的成果，以及日本国内外各种情况和形势的变化，《综合物流施策大纲》五年制定一次，每年加以研讨修整。《综合物流施策大纲》将仓储园区定义为有效综合的物流资源，实现设施共享，建立一体化、标准化的中心节点，被规划的地方只能建仓库，而不能建商品房或作其他的用途。“日本是从国土规划的角度专门规划物流区域，这个物流区域一旦规划成熟之后，就不允许居民住宅进入，不允许商户进入，只允许物流企业、物流设施进入。”姜超峰强调。

日本物流团体联合会事务局局长赤羽泰三表示：“日本本来对物流业实施了以规制为主的政策，1980年以后实行了规制缓和。现在政策方向基本上还是规制缓和，但是原有的规制制度仍然有很多还残留着。可以说物流业是一个规制比较多的产业。”

尽管日本以立法的方式保证仓储用地，然而寸土寸金的日本，目前的仓储用地其实并不多，但是存量仓库的利用率很高，这也得益于日本的大型物流配送企业对于整体仓储资源的整合。在日本，国土交通省每年均收集统计数据，在各地区建立分支机构。仓库业协会也在基础数据的统计和收集中起到了重要作用，同时也委托专业的调查公司进行数据收集，建立共享平台。姜超峰说：“我去经济产业省的时候，经济产业省的官员拿出整套的日本仓储企业的数据给我们看，我们都很吃惊，数据非常详细，这是我们拿不出来的。”

另外，在美国，散置在各地的、分属不同所有者的仓库通过网络系统被连接起来，接受统一管理和调配使用，很多物流企业并不是集中设立仓储，而是利用各地的仓储资源，而且往往这些仓库都还比较小。沈绍基说：“根据我们在欧美考察的经验和得到的情况，大量的仓库都是分散的，配送中心也都是分散的，一个企业有几十个或者无数个配送中心，无数个配送中心之间有一个统一的管理、统一的经理、统一的控制，这样组织化程度很好的，看上去很小，但是企业规模很大，经营的规模也很大，要的就是网络化、规模化、组织化。”

与美、日相比较，我们国家对于仓储资源的掌握度和利用率都很低。近年来，我国的物流园区的数量快速增长，在2008年全国有475家物流园区，2009年在国家振兴规划的引领下，又新增近200家规划、在建和建成的物流园区，但是专家们指出，在炙手可热的园区建设热潮之下，仓储行业面临着基础数据缺失的尴尬。沈绍基说：“规划物流园区的时候，一个重大的难题是，基础数据解决不了，这一个城市，到底需要多大的物流园区，是需要10平方千米，还是需要1平方千米，说不出来。”

此外，园区经济往往被当作增加GDP的重要抓手，而仓储企业又普遍存在投资额大、收益率低的问题，因此能够从中真正获益的仓储企业并不多，物流园变成商贸区甚至商业楼盘的例子屡见不鲜。

随着城市化进程不可逆转的推进，城市土地资源终究有限，依靠多给地建更多的物流园，其实难以解决仓储难题。日本最终解决仓储困局，依靠的是从根本上减少流通对仓储的依赖。沈绍基强调：“物流现在面临的问题，很多不见得是物流本身的问题，更多地是像分销体制一类的问题，分销体制规模过小，生产企业生产出的产品就要经过很多次的交易、很多次的倒手才能到消费者手里。增加物流次数造成了仓库的积压成本，或者造成它的库存增加。”

以家电产品为例，在日本的仓库内，家电产品两周就能周转一次，而在我国，往往需要一个月甚至是两个月才能周转一次。日本多年培育形成的供应链体系，为这种快速物流提供了可能。日本的供应链体系给我们的启示是，必须把整个供应链联系到一起，在做供应链计划的时候，就一定要考虑到经销商，经销商在做供应链计划的时候，应该考虑销售商，销售商在做这个供应链计划的时候，又要考虑整个供应链是不是最优的。

日本物流企业实现了快速物流，摆脱了对仓储的依赖。日本物流企业的竞争力是各方面努力的结果，并不是仅凭某种物流系统达成的，而是从事物流业的人们共同努力的结果。他们通过各种各样的努力，形成了现在这种具有一定竞争力的成本。虽然日本也是以中小企业为主，但是它的流通的组织化、规模化和它所谓的组织数量都远远超过我们国家，这样的制造业生产出的产品，不管是大型企业还是中小企业，都有很强的流通组织来帮它流通，所以生产出的产品，经过很少的交易次数、很短的流通渠道就能很快送到消费者手里。

在现代物流的大背景下，仓储已经不仅仅是一个仓库的概念，而是对货物的进出、库存、分拣、包装、配送及其信息进行综合控制的一个系统化工程。在北京、上海、广州等大城市，都建设有世界上最先进的自动化仓库，还有最先进的运输设施、包装设备、物流信息系统等等，这都表明物流仓储这个行业已经成为非常重要的一个产业。但是更应该注意的是，仓库已经成为稀缺资源，完整的物流链条被迫割裂，物流难以真正发挥对经济发展的促进作用。

土地是导致仓储难的根源所在。在商业地产的巨大的利益驱动下，我们看到土地资源成为一些部门收益最大化的工具，相对产出较少的仓储业就逐渐萎缩，成为物流业中处境艰难的一个环节。还有一个导致仓储难的问题是我国仓储信息化严重落后，整个仓储业还没有成为一个信息共享的整体，这也在某种程度上加剧了仓储和土地之间的矛盾。经常进行网络购物的朋友有时候会有这样的体验，明明买家和卖家都在北京，但是发货地点却在河北。因为信息通达，卖家能迅速知道从河北发货更加经济便捷，仓储的压力就大大减轻了。这也说明，我国传统经营模式下的仓储业还有非常大的发展空间。

（资料来源：中央电视台财经频道《经济半小时》“物流顽症”系列报道）

第二节 应急仓库的关键设备选用

除主体建筑之外，仓储业务所需要的所有技术装置与机具，统称为仓库设备。仓库设备是仓库经营管理中用来改善劳动条件、减轻劳动强度，从而提高劳动效率、缩短商品出/入库时间、充分利用仓容和降低仓库费用的必要条件。因此，仓库设备的选用，是仓库经营管理中的一个重要问题。

为了应急仓库的设备能更好地发挥效用，必须对设备进行合理的选择配置和管理。同时，还要求每一类设备具有较高的工作可靠性，无论在什么作业条件下，都要具有良好的运行稳定性。在应急仓库的运作中，关键的设备有装卸搬运设备、保管设备、养护检验设备、消防安全设备、劳动防护用品等。

一、装卸搬运设备

装卸搬运设备是商品出/入库和在库堆码以及翻垛作业使用的设备，在应急仓库中，物资进出库的装卸、搬运、堆码等作业量较大，所需的设备品种复杂、数量多。一般而言，应急仓库的搬运设备可分为装卸堆码设备和搬运传送设备。

（一）装卸堆码设备

装卸堆码设备一般有起重机、吊车、叉车、堆码机、滑车、滑板、跳车等。本书主要介绍起重机和叉车。

1. 起重机

起重机是借助于各种吊索工具从物品上部实施装卸的一类起重机械的总称，主要适用于装卸大件笨重的货物。最常用的起重机有龙门起重机、桥式起重机、悬臂起重机等。

（1）龙门起重机。

龙门起重机又称门式起重机（如图2－1所示），是水平桥架设置在两条支腿上构成门架形状的一种桥架型起重机。它的工作原理是可以在三维空间（纵、横、上下）范围内装卸搬运货物，优点是提升高度和起重能力较大。

图2－1　龙门起重机

（2）桥式起重机。

桥式起重机（如图2－2所示）由桥架和起重小车两大部分组成，桥架两端通过运行装置，直接支撑在高架轨道上，沿轨道纵向运行，可以充分利用桥架下面的空间吊运物料，而不受地面设备的阻碍。桥式起重机支腿很短，轨道架设在建筑物的立柱跨梁上，这样就节省了支腿所占用的地面，适合在库房内作业。它是使用范围最广、数量最多的一种起重机。

（3）悬臂起重机。

悬臂起重机（如图2－3所示）是一种可以移动的铲车起重机，用于将笨重货物装入敞顶集装箱，取物装置悬挂在臂端，或悬挂在可沿悬臂运行的起重小车上。

图2-2　桥式起重机

图2-3　悬臂起重机

2. 叉车

叉车又称铲车、叉式举货车，是物流领域最常用的具有装卸、搬运双重功能的机具，广泛应用于车站、码头、仓库和货场的作业中。它具有适用性强、机动灵活性好、转弯半径小、成本低廉等特点，可以进行水平运输，也可以进行垂直堆码。

(1) 托盘搬运叉车。

托盘搬运叉车（如图2-4所示）是用于平面两地间短距离搬运的工具。托盘搬运叉车分为手动托盘搬运车和电动托盘搬运车。

(2) 电动托盘堆垛叉车。

电动托盘堆垛叉车（如图2-5所示）是一种轻型的室内提升堆垛设备，车身比较轻巧，通过车身前部的支撑臂加长配重的力臂，以平衡载荷。

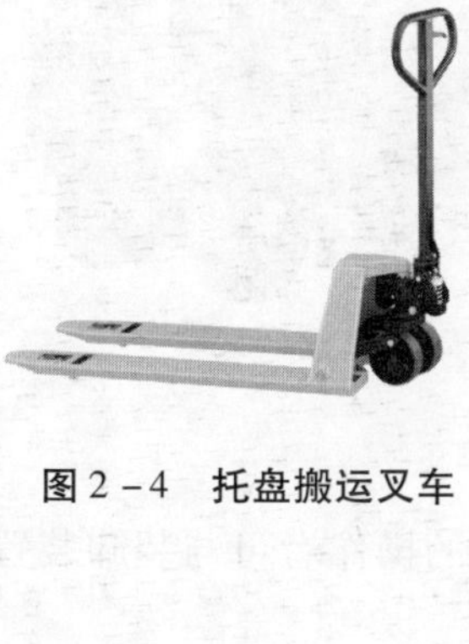

图2-4　托盘搬运叉车

图2-5　电动托盘堆垛叉车

（3）平衡重式叉车。

平衡重式叉车车体前方具有货叉和门架，车体尾部有装卸作业车辆，依靠车体与车载平衡，故称平衡重式叉车，这是使用最广泛、用量最大的一个系列。平衡重式叉车分为内燃机式和蓄电池式两种，如图 2－6 所示。

（a）内燃机式　　（b）蓄电池式

图 2－6　平衡重式叉车

（4）前移式叉车。

前移式叉车（如图 2－7 所示）的门架或货叉可以前后移动，它结合了有支撑臂的电动堆垛机与无支撑臂的平衡式叉车的优点。前移式系列叉车目前已逐渐成为室内高架存取的主要工具。

（5）侧面叉车。

货叉和门架位于车体侧面的装卸作业车辆称侧面叉车（如图 2－8 所示），它适用于长大物料的装卸和搬运。

图 2－7　前移式叉车

图 2－8　侧面叉车

（6）高位拣选叉车。

高位拣选叉车（如图 2－9 所示）操作台上的操作者可与装卸装置一起上下运动，并拣选储存在两侧货架内的物品。

图2-9 高位拣选叉车

（二）搬运传送设备

在应急仓库中，搬运传送设备包括各种手推车、内燃机搬运车、拖车、托盘、各式平面和垂直传送装置等。

1. 搬运车系列

搬运车包括手推车、货仓车、平板推车、平台车、手动液压搬运车及可倾斜式油桶搬运车等。

2. 托盘

托盘，又称栈板，是叉车用以装卸、堆码、输送商品的配套设备，能极大地扩大商品的盛载面，是现代工商业生产、运输、储存及包装的一种很重要的工具。托盘与叉车的共同使用，组成了有效的装卸系统。

托盘的种类很多，目前常见的托盘大致可以分为平面托盘、网箱托盘、箱式托盘、柱式托盘四大类。

（1）平面托盘。

平面托盘（如图2－10所示）又称通用托盘，在承载面和支撑面间夹以纵梁，构成可集装物料，可使用叉车或搬运车等进行作业。按其材质的不同，有木制、塑制、钢制、竹制、塑木复合等种类。

图 2－10　平面托盘

（2）网箱托盘。

网箱托盘（如图 2－11 所示）主要用于存放形状不规则的物料。可使用托盘搬运车、叉车、起重机等作业；可相互堆叠四层；空箱可折叠。

（3）箱式托盘。

箱式托盘（如图 2－12 所示）的基本结构是沿托盘四个边有板式、栅式、网式等拦板和下部平面组成的箱体。箱式托盘的防护能力强，可有效防止塌垛和货损。箱式托盘装运范围较大，多用于集装散件或散状的物料，金属箱式托盘还用于热加工车间集装热料。

（4）柱式托盘。

柱式托盘（如图 2－13 所示）是在平面托盘基础上发展起来的，其特点是在不压货物的情况下可进行码垛（一般为四层），多用于包装物料、棒料管材等的集装。如图 2－13 的柱式托盘，可以作为可移动的货架、货位；不用时，还可叠套存放，节约空间。近年来，柱式托盘在国外推广迅速。

图 2－11　网箱托盘

图 2－12　箱式托盘

图 2－13　柱式托盘

二、保管设备

保管设备是应急仓库在对各种物品进行质量维护时的必需设备，应急仓库的保管设备通常包括苫垫用品和存货用具。

1. 苫垫用品

苫垫用品主要包括苫布、苫席、塑料布、码架、地台板、水泥墩等。如果应急仓库是露天的，都要苫盖和垫垛。在库房存储的物品除了密封养护外，一般都不用苫盖。除地面干燥、不返潮的库房外，都需在垫底加垫。

2. 存货用具

存货用具包括各种单面、双面、固定和可拆卸的货架，以及通用、专用的货橱等，本书只介绍货架。

在仓库设备中，货架是指专门用于存放成件物品的保管设备。货架在收发货业务量大的仓库中起到很大的作用，既方便商品存取与进出业务，又能提高仓容利用率。因此，货架是提高仓库能力的非常重要的手段。应急仓库作为重要应急物资的存储场所，以追求时间效益最大化为目标，不仅要求货架数量多，还要求具有多种功能，并能实现机械化、自动化要求。在应急仓库中，常用的货架分类如下：

（1）轻型货架。

轻型货架（如图 2 – 14 所示）是相对托盘货架而言的，一般采用人力（不用叉车等）直接将货物（不采用托盘单元）存取于货架内，因此货物的高度、深度较小，货架每层的载重量较轻。

（2）托盘货架。

托盘货架（如图 2 – 15 所示）是相对轻型货架而言的，一般采用叉车等装卸设备作业，是以托盘单元货物的方式来保管货物的货架，又称工业货架，是机械化、自动化货架仓库的主要组成部分。

托盘货架都是装配式结构，即立柱、主柱片、横梁等之间采用螺栓或插接组成，又称装配式货架。这种货架具有刚性好、自重轻、层高可自由调节、适合规模化生产、成本低、运输和安装便利，并易于实现模块化设计等优点，目前已是工业企业各类货架仓库的主流货架。

图 2－14　轻型货架

图 2－15　托盘货架

（3）重力式货架。

重力式货架（如图 2－16 所示）又称流动式货架，是一种利用存储货物自身重力使货物在存储深度方向上运动的存储系统。重力式货架和一般层架从正面看基本相似，但是，其深度比一般层架深得多，看起来像许多的层架密集堆放在一起。

重力式货架的主要特点是单位库房面积存储量大，它能够大规模密集存放货物，从而减少通道数量，可有效节约仓库的面积。

图 2－16　重力式货架

（4）移动式货架。

移动式货架在货架的底部安装有运行车轮，是可在地面上运行的货架。它适用于库存品种多、出/入库频率较低的仓库，或库存频率较高，但可按巷道顺序出/入库的仓库。因为只需要一个作业通道，所以可大大提高仓库面积的利用率，被广泛应用于办公室存放文档，图书馆存放档案文献，金融部门存放票据，工厂车间、仓库存放工具、物料等。

按驱动方式不同，移动式货架可以分为人力推动式、摇把驱动式和电动式移动式货架，如图 2－17 所示。

（a）人力推动式　　（b）摇把驱动式　　（c）电动式

图 2－17　移动式货架

（5）贯通式货架。

贯通式货架将所有货架合并在一起，使同一层、同一列的货物互相贯通，托盘或货箱搁置于货架的牛腿上，叉车可以直接进入货架的每列存货通道内进行作业。贯通式货架取消了两排货架之间的机械作业巷道，提高了仓库单位面积的库容量，比较适合于同类大批应急物资的储存。

三、养护检验设备

应急物资的质量保证至关重要，如果质量不合格，将会对应急工作带来极大的损失。因此，在应急仓库中，养护检验设备是必不可少的。这种设备是应急物资入库验收与在库养护、测试、化验，以及防止商品发生变质、失效的一系列机具、仪器等技术装备，主要有测湿仪、吸潮器、烘干箱、空气调节器等。

四、消防安全设备

这是保障应急仓库安全的一种必要设备。无论是什么类型的仓库，都要有消防设备，只是设备的数量不同而已。在应急仓库中，必须的消防设备有各种报警器、消防车、各种灭火机（泡沫、酸碱、二氧化碳、四氯化碳等）、水源设备（水井、蓄水池、各式消火栓等）、消防云梯等。

五、劳动防护用品

这是应急仓库职工在各项作业中使用，以保障自身安全的用品。除了固定的技术装配外，多为个人佩戴用品，如工作服、安全帽、手套、胶鞋、口罩、防毒面具、防放射线装置等。

第三节 应急仓库的货位规划

货位规划的合理与否关乎货物搬运作业效率的高低，从而影响整个仓库的运作。在传统的仓库搬运作业中，卸货、储运、拣货和装车作业的时间占总作业时间的少部分，而作业人员的行走耗时却占了绝大部分，这样不仅严重影响仓库作业的效率，还增加了劳动力成本，不利于仓库运作效益的提高，而这些问题的主要原因在于货位规划的不合理。所以，从提高物流资源利用效率角度来看，降低仓库作业成本可以从缩短行走距离、合理规划货位这一途径入手。特别是对于应急仓库，货位的合理规划更为重要。应急仓库货位规划的主要目标是：处理任意应急物资时，能最大限度地减少甚至是消除行走距离，缩短存取货的时间，提高仓库作业的效率。

一、货位规划的概念

货位是指货物在既定仓储设施条件下的存储空间和存储位置，货位规划是指将货物合理地纳入仓库设施，以实现物料搬运最优化和提高空间利用率的目标。例如，将高周转率的货物分配在靠近通道的货位，可以提高存取的速度。

货位合理规划的好处在于：按照合理的拣货顺序放置货品，可以减少拣货人员数量；对应货位规格，分配相应数量的单元化货物，可以减少补货人员数量；平衡操作者的工作量，可以缩减作业周期，改善工作流程；将容易混淆的货物分配到不同的拣货区，可以提高拣货的准确率；通过调整仓库布置、提高空间利用率，可推迟或避免再建投资。货位规划是保持物流始终处于理想运行状态的有效手段，是建立良好保管秩序的核心内容。其主要内容包括货位存储方式和货位分配原则的确定。

二、货位存储方式

货位存储方式是指各个货位如何存放商品，主要有五种基本的形式，分别是固定货位存储、随机货位存储、分类货位存储、分类随机存储和共享储存。

（一）固定货位存储

固定货位存储是指某一种物资存放在固定的位置上，物资不能互用货位，因此规划货位时要注意，货位容量不能小于需要存放货物的最大库存量。

通常来讲，选择固定货位的原因在于，货位的安排要考虑物品的尺寸和重量，物品对储存条件的要求比较高，易燃品必须限制在一定高度，以满足相关的标准和防火法规。储存区固定，便于记忆货物位置，有利于快速提取货物，这对应急物资而言十分必要。

优点：每一种物品都有固定的存放位置，方便拣货人员拣货，提高工作效率。由于货品固定位置存储，规划货位时，可以将不同特性的货品分开存放，使不同货物间的相互影响降到最低。货位可以按照周转量来规划，可以缩短搬运距离，提高搬运作业效率。

缺点：由于货位是按照最大库存量设计的，货位的使用效率较低。同时，采取固定货位，货位之间不能调整，更不能占用，这样就导致一部分货位空闲不用，而需要入库的产品又不能及时入库，这在库房比较紧张的情况下，是非常不合理的。

适用情况：货位空间大，货物品种较多而数量较少。

（二）随机货位存储

随机货位存储与固定货位存储相反，货位的存储位置是随机产生的，任何一种物品可以摆放在任何一个位置上，而且可以经常改变，只要货位有空闲，入库的各种物品都可以存入。一般来说，随机储存是由仓储管理人员按照工作习惯来操作的。

优点：能充分利用每一个货位，提高仓库的存储能力，货位空间的使用率较高。

缺点：仓库的管理难度大，给盘点、拣货作业造成困难；周转量大的货物可能被放在距离出口较远的货位上，尤其是突发事件发生时，会降低搬运装卸的效率；具有相互影响特性的货物放在相邻的位置，容易造成伤害或发生危险。

适用情况：仓库空间有限，或者入库的货物种类少而体积大。

在应急仓库的实际运用中，固定货位和随机货位都有一定的局限性，必要时可以将这两种方法结合起来使用。

（三）分类货位存储

分类货位存储是指所有的货物按照一定的特性加以分类，每一类货物都有固定的存放位置，而同类的不同货品又按照一定的法则来指派存储位置。分类货位存储通常按产品的相关性、流动性、重量、产品尺寸和产品特性来分类。

优点：具备固定货位存储的各项优点，而且各分类的存储区域可根据货物的特性再做设计，有利于存储管理。

缺点：由于货位必须按照每一类货物的最大库存设计，降低了货位的使用效率。

适用情况：货物的相关性比较大，经常一起出库；货物周转率差别大；货物尺寸差别大。

（四）分类随机存储

每一类货物都有固定的存储位置，但每一类货物的固定存储区内，货物的指派是随机的。

优点：较分类存储而言，可节省货位数量，提高存储区的使用效率。

缺点：入库管理和盘点作业难度大。

适用情况：仓库面积相对不足，而货物的品种较多。

（五）共享储存

在确定各项货物的入库时间的前提下，不同的货物可以共用同一个货位。

优点：节省存储空间，提高作业效率。

缺点：需要清楚货物的到库时间，管理难度较大。

适用情况：货物品种少，流转很快。

三、货位分配原则

货位的合理规划，不但有利于货物的存储，而且还不会影响各种货物的质量。货位规划的过程难以用数字化公式和数字模型予以描述，因此通常利用一些规则或准则进行非过程化的运算，不同的仓库会根据自身的特点和商品的专门属性来制定若干个特殊的规则。对应急仓库而言，在规划应急物资的具体存放位置时，应注意以下七项原则：

（1）以周转率为基础原则。将应急物资按周转率由大到小排序，再将此顺序分为若干段，同属于一段中的货物列为同一级，给每一级的货物指定货位区域。通常情况下，货物的周转率越高应离出入口越近，以提高搬运作业的速度。

（2）产品同一性原则。同一性原则，就是把同种类型的应急物资存放于同一保管位置，这样做能使作业人员熟记货物保管的位置，并且使同一货物的存取花费的时间最少，提高物流中心作业效率。

（3）产品互补性原则。互补性高的应急物资应当存放于邻近的位置，以便缺货或紧急情况出现时可以迅速以另一应急物资代替。

（4）相容性较低的应急物资不应该存放在一起或存放于邻近的位置，以免损害物资的品质。

（5）产品尺寸法则。在规划货位的时候，应急仓库要同时考虑应急物资的单位大小和相同物资的整批形状，以便能提供适当的空间，满足某一特定要求。所以在存储物资时，要规划不同大小的货位，来容纳不同大小的物品。通过此法则，可以使物品的存储数量和位置适当，大大节约存储空间，同时也可提高搬运工作的效率。

（6）物品特性原则。物品特性不仅涉及物品本身的安全，同时也可能影响到存放在邻近位置的物品，因此应急仓库在布局时要慎重考虑。

（7）物品面向通道保管原则。对于应急仓库而言，物资的存取时间是仓库作业的首要考虑因素。应急仓库要首先考虑出/入库的时间和效率，因此较多地着眼于拣选和搬运的便利性。为使物资出/入库方便，并容易在仓库内移动，一般将物资尤其是出/入库频率较高的物资面向通道保管。

为了提高应急仓库空间的利用率和物资存取工作的效率，科学、合理的货位规划是必不可少的一个重要环节，货位的区分还要结合实际，随时调整，做到“专而不死，活而不乱”。在各类应急物资货位基本固定的情况下，必要时还可调整具体的货位分区。此外，为应对特殊情况，应急仓库还要预留一定的机动货位，以避免固定货位因超额储存不能安排而到处乱放的问题。

第三章　应急仓库的作业管理

阅读材料 3.1

沈阳军区某军需仓库提升应急保障能力

一、思维的逻辑起点是打仗

“军需仓库虽然只是收收发发，但收发站台连着未来战场。”这是沈阳军区某军需仓库主任李海走马上任时的开场白。

当年雨季，接到发运抗洪救灾物资的命令后，仓库迅速启动保障预案，官兵仅用3个多小时，就完成5万余件（套）救灾物资的发放任务。然而，党委议训会上，用打仗的标准来衡量，预案的“短板”就暴露出来了。长期以来，仓库收发站台雨搭不够长，遇到雨雪天气只得暂停收发。要是遇到打仗也能暂停收发吗？仓库立即组织施工，将雨搭延长到铁道边，站台全部得到覆盖，实现了全天候收发。

用打仗的标准来衡量，仓库举一反三，库房线路改造、应急照明车改装等10余个战备建设项目被提上日程。保管员蒙起双眼开展了在无照明条件下的收发训练，叉车手开展了战时收发训练，消防分队实施了应急灭火训练。

二、服务的终极追求是满意

登上仓库“军需服务保障专用车”进入营区，业务人员立即送上《领物服务指南》，领物流程、联系方式等一目了然。中午，仓库免费安排食宿，并将支拨通知单等业务手续送到领物人员手中。下午，专车将接收物资送到交接现场。最后，领物人员在仓库服务反馈问卷9项调查中，全部填了“满意”。

“仓库是服务单位，我们的终极追求就是部队满意。”采访中，仓库政委曹力这样对记者说。

2009年是全军07式军装3年换装的决胜之年。刚进入11月，东北地区就漫天飘雪。新兵入营在即，站台上一面“常委突击队”的红旗分外耀眼，仓库7名常委战斗在收发最前线，全库官兵，每天早上5点起床，晚上8点多回营，连续奋战一个月，创造了月发放车皮396节的纪录。

（资料来源：唐春雨，韩创．沈阳军区某军需仓库提升应急保障能力［N］．解放军报，2011-03-13.）

第一节　应急仓库的作业流程

应急仓库的仓储作业流程是指以保管活动为中心，从仓库接受应急物资入库开始，到按需要把应急物资完好地发送出去的全部过程。其中，仓储作业主要由入库、保管保养、出库三个阶段组成（见表3－1)。仓储作业流程是由一系列相互联系又相互独立的作业活动构成的，应急物资的存储只是这个过程中的暂时停滞现象，这种暂时停滞并不是静止的，而是动态的，它体现了物资流通的连续性和永久性，因而必须加强对流通过程的管理。如果把这个过程看成是一个系统，那么，系统的“输入”是需要储存的应急物资，“输出”则是经过保存的应急物资。在仓储作业系统中，应急物资在各个作业环节上运行，并被一系列作业活动所处理。

表3－1　仓储作业流程表

业务阶段	业务活动	具体内容
入库阶段	1. 接运 2. 验收 3. 入库	1. 码头、车站提货 2. 专用线接运 3. 仓库收货 4. 验收准备 5. 核对资料 6. 检验货物 7. 安排货位 8. 堆垛铺盖 9. 登账建卡
保管保养阶段	4. 保管保养	10. 在库检查 11. 温、湿度控制 12. 特殊情况处理
出库阶段	5. 出库	13. 核单备货 14. 复核 15. 包装检查
	6. 出库交接	16. 理数点交 17. 搬运装车 18. 签署单证 19. 登账 20. 现场清理

第二节 出库与入库作业管理

一、应急物资的入库作业管理

（一）入库前的准备

1．熟悉入库的应急物资

应急仓库的管理人员应认真查阅入库应急物资的资料，掌握它们的品种、规格、数量、包装状态、单件体积、到库的确切时间、货物存期、货物的物理或化学特征、保管的要求等，并在掌握这些信息的基础上做好库场的安排和准备。

2．掌握仓库库场情况

应急仓库的相关部门应根据应急物资的类别、性能、数量、包装、存放时间等情况，结合仓库分区、分类、定位保管的要求，核算物资占用货位的大小，根据货位使用原则，妥善安排货位。仓库管理人员负责具体的货位准备工作，如腾仓、清理货位、清理排水系统、消毒除虫等。

3．制订仓储计划

应急仓库应当根据对库场情况和应急物资的详细信息的了解，动态地掌握仓库货位的使用情况、机械准备条件和劳动力情况等，制订应急物资的仓储计划，并将各项具体任务下达到各个相应的作业单位。

4．准备货位

应急仓库的相关工作人员要及时进行货位准备，根据对仓库库场情况的掌握，结合仓库分区、分类、定位保管的要求，妥善安排货位。此外，还应该彻底清洁货位，做好必要的消毒工作。

5．准备苫垫物料和作业用具

根据入库的应急物资的性能、保管要求、数量及库场条件确定堆垛方法，制订苫垫方案，准备好苫垫物料，以确保入库应急物资的安全。

6．组织人力

根据应急物资出/入库的数量和时间，安排好收货人员、搬运人员和堆码人员的具体工作，需要采用机械操作的作业要提前确定好人员和机械，事先安排作业顺序。

7．准备装卸的机器和工具

为保证入库作业的顺利进行，仓库应准备齐全各种点验物资质量、数量和包装等所需要的用于点数、称量、测试的机器，并同时准备好装卸、堆码所需的用品，根据入库物资的验收内容和方法，以及物资的包装体积、重量，选择适用的操作工具。

8. 准备入库的文件单证

仓库工作人员对应急物资入库所需的各种报表、单证、记录簿，如入库记录、理货检验记录、料卡、残损单等应按要求准备妥当，以便使用。

（二）物资的接运

应急物资入库流程的第一道作业环节是应急物资的接运，这也是应急仓库直接与外部发生的经济联系，其主要任务是及时而准确地向相关的运输部门提取入库的应急物资。在这个过程中，要求做到手续清楚，责任分明，为仓库的验收工作创造有利的条件。物资到达应急仓库的形式各有不同，小部分物资由供货部门直接运到应急仓库的交货处，而大部分物资要经过铁路、公路、轮船、飞机等运输工具转运。应急物资的接运主要有以下四种方式：

1. 车站、码头提货

（1）参与提货的工作人员对所提取的应急物资应了解其品名、型号、特性及一般保管知识、装卸搬运注意事项等。提货工作人员在物资到达前，应主动了解物资到达时间和交货情况，根据到达物资的多少，组织装卸人员、机具和车辆，按时前往提货。

（2）工作人员在提货时应根据运单及有关资料，详细核对品名、规格和数量，并要注意商品外观，查看包装、封印是否完好，有无玷污、受潮、水浸、油渍等异状。若发现异常情况，应当场要求相关运输部门检查。对短缺损坏情况，要按规定做好详细的记录，注意记录内容与实际情况要相符合。

（3）在短途运输中，要做到不混不乱，避免碰坏损失。危险品应按照危险品搬运规定运输。

（4）应急物资到库以后，提货的工作人员应与保管员密切配合，尽量使提货、运输、验收、入库、堆码实现一条龙作业，从而缩短入库验收时间，并办理内部交接手续。

2. 专用线接车

（1）接到专用线到货通知后，应立即确定卸货货位，力求缩短场内搬运距离，并组织好卸车所需要的机械、人员及有关资料，做好卸车准备。

（2）应急物资到达后，根据运单和有关资料核对物资名称、规格、标志和清点件数；检查包装是否有损坏或有无散包；检查是否有进水、受潮或其他损坏现象。在检查中发现异常情况，应请运输部门派员复查，做好记录，记录内容应与实际情况相符，以便交涉。

(3) 卸车时要注意为应急物资验收和入库保管提供便利条件，分清车号、品名、规格，不混不乱；保证包装完好，不碰坏，不压伤，更不得自行打开包装；应根据商品的性质合理堆放，以免混淆；卸车后在应急物资上应标明车号和卸车日期。

(4) 编制卸车记录，记录卸车货位规格、数量，连同有关证件和资料，尽快向保管人员交代清楚，办好内部交接手续。

3. 库内接货

应急仓库应根据提货通知，了解所提取物资的性能、规格、数量，准备好提货所需要的机械、工具、人员，配备保管人员在供方面前当场检验质量、清点数量，并做好验收记录，使接货与验收能一次完成。

4. 应急仓库自行接货

存货单位或供货单位将应急物资直接运送到仓库储存时，应由保管人员或验收人员直接与送货人员办理交接手续，当面验收并做好记录。若有差错，应填写记录，由送货人员签字证明，据此向有关部门索赔。

（三）物资的验收

物资的验收要按照验收业务作业流程规定的程序和手续，对入库的应急物资进行数量和质量等的检验。凡应急物资进入仓库储存，必须经过检查验收，只有验收后的物资，方可入库保管。

1. 商品验收工作的要求

应急物资的验收工作是一项技术要求高、组织严密的工作，关系到整个应急仓库作业的顺利进行，所以必须做到及时、准确、严格和经济。

到库的应急物资必须在规定的期限内完成验收工作，验收的各项数据报告也要求准确无误。应急仓库的有关部门要认真对待验收工作，在绝大多数情况下，应急物资在验收时需要验收人员、检验设备、装卸搬运机具和设备及相应操作人员的通力配合。

2. 应急物资的验收流程及其内容

应急物资的验收包括验收准备、核对凭证和实物检验三个作业环节。

(1) 验收准备。

应急仓库接到到货通知后，应根据应急物资的性质和批量提前做好验收前的准备工作，大致包括以下内容：

①人员准备。安排好负责质量验收的技术人员，以及配合数量验收的装卸搬运人员。

②资料准备。收集并熟悉待验应急物资的有关文件，如技术标准。

③货位准备。确定验收入库时的存放货位，计算和准备堆码苫垫材料。

④设备准备。验收大批量应急物资，必须要有装卸搬运机械的配合，应当事先做好设备的申请调用工作。

此外，对于某些特殊物资的验收，如易碎品和危险品等，还要准备相应的防护用品。

（2）核对凭证。

核对凭证，也就是将上述凭证加以整理并进行全面核对。入库通知单要与供货单位提供的所有凭证逐一核对，相符后才可进行下一步的实物检验。入库的物资必须具备下列凭证：

①入库通知单，这是应急仓库接受应急物资的凭证。

②供货单位提供的证明书、装箱单、磅码单、发货明细表等。

③若在应急物资入库前发现承运单位提供的运单存在残损情况，还要有承运部门提供的货运记录或普通记录，作为向责任方交涉的依据。

（3）实物检验。

所谓实物检验，就是根据入库单和有关技术资料对实物进行数量和质量检验。

①数量检验。数量检验是保证物资数量准确不可缺少的重要步骤，一般在质量验收之前，由仓库保管职能机构组织进行。

在做数量验收之前，还应根据应急物资的来源、包装好坏或有关部门的规定，决定对到库的应急物资进行抽验还是全验。

在一般情况下，数量检验应全验，即按件数全部进行点数，按重量供货的全部检斤，以实际检验结果的数量为实收数。

②质量检验。质量检验包括外观检验、尺寸精度检验、机械物理性能检验和化学成分检验四种形式。

应急物资的质量验收，主要指对它的外观检验，由应急仓库保管职能机构组织进行。外观检验是指通过人的感觉器官，检验物资的包装外形或装饰有无缺陷；检查物资包装的牢固程度；检查物资有无损伤，如撞击、变形、破碎等；检查物资是否被雨、雪、油污等污染，有无潮湿、霉腐、生虫等。应急物资外观的缺陷有时可能影响其质量，所以对外观有严重缺陷的物资要单独存放，等待处理，防止混杂。凡经过外观检验的应急物资，都应该填写检验记录单。

3. 应急物资的验收方式

应急物资的验收方式一般可分为全验和抽验。

在进行数量和外观验收时一般要求全验。在质量验收时，当批量小、规格复杂、包装不整齐或要求严格验收时可以采取全验方式。全验需要大量的人力、物力和时间，但是可以保证验收的质量。

在批量大、规格和包装整齐，物资供应方的信誉较好，或验收条件有限的情况下，通常采取抽验的方式。应急物资的质量和储运管理水平的提高及统计方法的发展，为抽验方式提供了物质条件和理论依据。

4．验收中发现问题的处理

在应急物资验收过程中，可能会发现诸如数量短缺、质量不符合要求等问题，应区别不同情况，及时处理。

凡在验收中发现有问题的应急物资，应该单独存放，妥善保管，防止混杂、丢失、损坏。

凡发现质量不符合规定的应急物资，应及时向物资供应方进行退货或者换货交涉。应急物资的规格不符或错发时，应先将规格对的入库，将规格不对的做好验收记录并交给相关负责人办理换货。

凡属承运部门造成的应急物资数量短少或外观包装严重残损等问题，应凭接运提货时索取的货运记录向承运部门索赔。

如入库通知单或其他证件已到，在规定的时间内未见应急物资到库，应及时向主管部门反映，以便查询处理。

在应急物资验收过程中，如果发现数量或质量的问题，应该严格按照有关制度进行处理。验收过程中发现的数量和质量问题可能发生在各个流通环节，如可能是由于物资供应方或交通运输部门或收货方本身的工作造成的。按照有关规章制度对问题进行处理，有利于分清各方的责任，并促使有关责任部门吸取教训，改进今后的工作。

（四）货位安排

1．应急物资货位安排的原则

（1）确保应急物资安全的原则。

为确保应急物资的质量安全，在选择货位时，应该根据应急物资的特点和货位分配的原则，选择合适的货位。如怕潮、易霉、易锈的应急物资，应选择干燥或密封的货位；性能相互抵触或有挥发性、串味的应急物资不能同区存储等。

（2）方便吞吐发运的原则。

货位的选择应符合方便吞吐的原则，要方便应急物资出/入库，尽可能缩短收发货作业时间。

（3）尽量节约仓容的原则。

货位的选择还要符合节约的原则，以最小的仓容储存尽可能多的应急物资。

在货位负荷量和高度基本固定的情况下，应从储存物资不同的体积、重量出发，使货位与物资的重量、体积紧密结合起来。

除此之外，在货位的选择和具体使用时，还可以根据存储的应急物资吞吐快慢不一的规律和操作难易不一的特点，把出/入库频率高或久储、操作困难的应急物资和省力的应急物资搭配在同一货区储存，这样不仅能充分发挥仓容使用的效能，而且还能避免各个储存区域之间忙闲不均的现象。

2. 应急物资的货位编号

（1）货位编号的要求。

货位的编号就好比货品在仓库中的住址，必须符合“标志明显易找，编排循规有序”的原则。在对应急物资进行具体编号时，须符合以下要求：

①标志设置要适宜。货位编号的标志设置要因地制宜，采用适当的方法，选择适当的地方。如在无货架的库房内，走道、支道、段位的标志，一般都刷置在水泥或木板地坪上；在有货架的库房内，货位标志一般设置在货架上。

②标志制作要规范。货位编号的标志如果随心所欲、五花八门，很容易造成单据串库，物资错收、错发等事故。统一使用阿拉伯字码制作标志，可以避免以上弊病。为了将库房以及走道、支道、段位等加以区别，可在字码大小、颜色上进行区分，也可在字码外加上括号、圆圈等符号进行区分。

③编号顺序要一致。整个应急仓库范围内的库房、货场内的走道、支道、段位的编号，一般都按照进门的方向，以左单右双或自左向右的顺序编号。

④段位间隔要恰当。段位间隔的宽窄，应取决于应急物资种类及批量的大小。同时应注意的是，走道、支道不宜经常变更位置和编号，因为这样不仅会打乱原来的货位编号，还会使保管员不能迅速收/发货。

（2）货位编号的方法。

在应急仓库中，货位编号常用的方法有以下三种：

①仓库内存储场所的编号。整个应急仓库内的存储场所若有库房、货棚、货场，则可以按一定的顺序（从左往右或从右往左），各自连续编号。库房的编号一般写在库房的外墙上或库门上，货场的编号一般写在场地上，货棚编号书写的地方，则可根据具体情况而定，总之应让人一目了然。

②库房编号。多层库房常采用“三位数编号”、“四位数编号”或“五位数编号”。“三位数编号”是用三个数字或字母依次表示库房、层次和仓间，如131编号，表示1号库房、3楼、1号仓间。“四位数编号”是用四个数字或字母依次表示库房、层次、仓间和货架，如1331编号，表示1号库房、3楼、3号仓间、1号货架。“五位数编号”是用五个数字或字母依次表示库房、层次、仓间、货架、货格，如13311编号表示1号库房、3楼、3号仓间、1号货架、1号

货格。

③货位编号。货位布置的方式不同，其编号的方式也不同。货位布置的方式一般有两种：横列式和纵列式。横列式即货位横向摆放，可采用横向编号；纵列式即货位纵向摆放，常采用纵向编号。

二、应急仓库的出库作业管理

应急仓库的出库作业，是应急仓库根据相关的出库凭证，按其所列应急物资的编号、名称、规格、型号、数量等项目，组织应急物资出库的一系列工作的总称。出库发放的主要任务是所发放的一切应急物资必须准确和及时，并保质保量地发给需求地。

（一）出库前的准备工作

出库前的准备工作包括以下三个方面的内容：

（1）原件物资的整理和包装。

（2）准备包装材料工具、用品。

（3）合理组织出库作业。

（二）出库的一般程序

不同仓库在商品出库的操作程序上会有所不同，但就整个发货作业的过程而言，各工种的衔接一般都是跟随着商品在库内的流向或出库单的流转实现的。应急仓库的出库作业更加注重时效性，力求在最短的时间内准确地将应急物资送到需求地。应急仓库的出库程序为：核单备料→复核→包装→点交→登账→现场和档案的清理。

1. 核单备料

应急仓库的保管员接到出库凭证后应仔细核对，这就是出库业务的核单工作。首先，要审核出库凭证的合法性和真实性。其次，核对物品的品名、型号、规格、单价、数量和收货地点。最后，审核出库凭证的有效期等。

在对“应急物资调拨通知单”所列项目进行核查之后才能开始备料工作。出库物资应附有质量证明书或抄件、磅码单、装箱单等。备料时应本着“根据实际需求出货”的原则，根据领料数量下堆备料或整堆发料。备料后要及时变动料卡余额数量，填写实发数量和日期等。

2. 复核

为防止差错，备料后应立即进行复核。出库的复核形式主要有专职复核、交叉复核和环环复核三种。除以上三个环节外，在发货作业的各个环节上，都贯穿着复核工作。例如，理货员核对单货、守护员凭票放行、账务员核对账单等。复核的主要内容包括物资品种数量是否准确、物资质量是否完好、配套是否齐全、外观质量和包装是否完好等。这些分散的复核形式起到分头把关的作用，都有助于提高仓库发货业务的工作质量。

3. 包装

出库的应急物资如果没有符合运输方式所要求的包装，则应进行包装，以保证在运输的过程中不会损坏其质量。应根据物资外形特点选用适宜的包装材料，其重量和尺寸应便于装卸和搬运。出库物资包装要求干燥、牢固。应对那些破损、潮湿、捆扎松散等不能保障运输途中安全的物资加强管理，做到破包破箱不出库。另外，在包装中严禁混合包装那些互相产生影响或性能互相抵触的物资。包装后，要写明物资接收单位、到达站点、发货号、本批总件数、发货单位等。

4. 点交

物资经复核后，应与提货人员或运输部门办理交接手续，当面将物资交清。交清后，提货人员应在出库凭证上签章。

5. 登账

点交后，保管员应在出库单上填写实发数、发货日期等内容，并签名。然后将出库单连同有关证件资料及时交给应急仓库的相关登记人员，以便登记人员登记做账。

6. 现场和档案的清理

现场清理包括清理库存应急物资、库房、场地、设备和工具等；档案清理是指对收发、保养、盈亏数量和垛位安排等情况进行分析。

在整个应急物资出库业务程序过程中，复核和点交是最为关键的两个环节。复核是防止差错的重要和必不可少的措施，而点交则是划清应急仓库和提货方两者责任的必要手段。

（三）出库单证的流转和账务处理

出库单证主要是指提货单，它是向仓库提取物资的正式凭证。应急仓库的出库作业，一般会采用送货的出库方式。在送货方式下，一般是采用“先发货后记账”的形式。提货单随同送货通知单经内部流转送达应急仓库，先不经过账务人员，而直接送给理货员。理货员接单后，经过理单、编写地区代号，分送给保管员发货，待货发讫后再交给账务人员记账。

（四）出库过程中发生问题的处理

应急物资出库过程中出现的问题可能是多方面的，应分别对待处理。

1．出库凭证上的问题

（1）凡发现出库凭证有疑点，或者情况不清楚，以及发现出库凭证有假冒、复制、涂改等情况时，应及时与应急仓库保卫部门及出具出库单的单位或部门联系，妥善处理。

（2）如提货方因各种原因将出库凭证遗失，要及时与应急仓库发货员和账务员联系挂失。如果挂失时物资已被提走，则保管员不承担责任，但要协助提货方找回物资；如果物资还没有被提走，应第一时间联系相关人员进行查实，待查清后尽快将物资发往需求地。应急物资必须在一定的时间内送达需求者手中，才能发挥其效用和价值。超过时限就失去了应急的意义，也就不能称为“应急物资”了。

2．提货数与实存数不符

提货数量与商品实存数不符的情况（一般是实存数小于提货数）通常是由以下四个方面原因造成的：

（1）应急物资入库时，由于验收问题，增大了实收物资的签收数量，从而造成账面数大于实际储存数。

（2）应急仓库的保管员和发货人员在以前的发货过程中，因错发、串发等差错造成实际库存量小于账面数。

（3）货主单位没有及时核减开出的提货数，造成库存账面数大于实际储存数，从而开出的提货单提货数量过大。

（4）仓储过程中造成货物的毁损。

当遇到提货数量大于实际应急物资库存数量时，应尽快联系相关人员调集其他应急仓库的物资储备，将应急物资及时送到需求地。如属于入库时错账，可以采用报出报入方法进行调整，即先按库存账面数开具物资出库单销账，然后再按实际库存数重新入库登账，并在入库单上签明情况；如果属于应急仓库保管员串发、错发货引起的问题，应由应急仓库方面负责解决库存数与提单数的差数；如果属于货主单位漏记账而多开出库存数的，应由货主单位出具新的提货单，重新组织提货和发货；如果是仓储过程中的损耗，需考虑该损耗数量是否在合理范围之内，超过合理范围的损耗，则应由仓储部门负责赔偿。

3．串发和错发货

所谓串发和错发货，主要是指在发货人员对物资种类规格不是很熟悉的情况下，或者由于工作中的疏漏，把错误规格、数量的物资发出仓库的情况。在这种情况下，如果物资尚未离库，应立即组织人力重新发货；如果物资已经被提出仓库，保管员要根据实际库存情况，如实向仓库主管部门和提货方讲明串发和错发物资的品名、规格、数量和提货单位等情况，争取尽快将正确的应急物资运往需求地。

4. 包装破漏

包装破漏是指在发货过程中，因物资外包装破散等现象引起的物资渗漏、裸露等问题。这些问题主要是在储存过程中因堆垛挤压、发货装卸操作不慎等引起的，此时物资应经过整理或更换包装后再出库，否则造成的损失应由仓储部门承担。

5. 漏记和错记账

漏记账是指在物资出库作业中，由于没有及时核销物资明细账而造成账面数量大于或少于实存数的现象；错记账是指在物资出库后核销明细账时没有按实际发货出库的物资名称、数量等登记，从而造成账实不相符的情况。无论是漏记账还是错记账，一经发现，除及时向有关领导如实汇报情况外，还应根据原出库凭证查明原因，调整保管账，使之与应急物资实际库存保持一致。如果由于漏记和错记账给货主单位、运输单位和仓储部门造成了损失，应给予赔偿，同时应追究相关人员的责任。

第三节　应急仓库库存货品的保管与养护

一、应急仓库库存货品保管与养护概述

（一）应急仓库库存货品保管与养护的概念

货品保管与养护是指研究货品在存储期间的质量变化规律，并采用科学的方法进行防治。在应急仓库中，由于应急物资的种类繁多，自然属性各异，在各种环境介质的作用下，所发生的质量变化形式也是多种多样的，如霉腐、锈蚀、虫蛀、鼠咬、挥发、溶化、熔化、渗漏、聚合、裂解、老化、干裂、萎缩、燃烧、爆炸等。由此可见，各类应急物资受到自然因素影响而发生质量变化的规律纷繁复杂，所以应急物资的保管和养护是一项综合性、科学性的工作。

（二）应急仓库库存货品保管与养护的意义

应急物资保管与养护的意义在于维护质量和保护使用价值。应急物资保管和维护的质量直接关系到国家和人民的生命财产安全，如果不能对应急仓库的物资进行合理的保管和科学的养护，应急物资就会发生质量上的变化和数量上的损耗，导致其使用价值降低甚至丧失。在发生自然灾害、公共安全灾害等突发事件

时，应急物资如果不能及时满足需求，将会使抢险救灾工作无法顺利、迅速地进行，从而危及人民生命财产的安全，对我国社会整体生产和生活造成巨大冲击。可见，应急物资储备直接影响对突发事件的反应速度和最终成效，大量的安全保障物资储备可以大大压缩从灾害发生到救灾完成的间隔时间，减少采购和运输量，降低相关成本。

（三）应急仓库库存货品保管与养护的原则

货品的保管与养护是一项比较复杂的综合性工作。为了以较少的劳动消耗，高质量地完成应急物资的保管与养护工作，应急仓库在实际的工作中应遵循以下基本原则：

（1）质量第一的原则。应急物资保管与养护的根本目的就是要保持物资原有的使用价值，从而在发生事故时能以优质的物资满足需要。因此，不管保管人员采取何种保管养护策略，都必须把保证库存应急物资的质量放在首位。

（2）预防为主的原则。为了避免或减少应急物资在保管与养护过程中质量的下降和数量的损耗，保管人员应积极采取预防措施，严格按照相关规定办事，不能留有任何隐患，应把质量事故消灭在萌芽状态，防患于未然，这样才能收到事半功倍的效果。

（3）效率原则。效率原则要求保管人员在保证应急物资使用价值不变的前提下，有效利用现有仓储设施，提高仓库及相关设备的利用率，减少保管费用，降低供应成本。

（4）讲究科学的原则。应急物资的保管与养护要讲究科学，要严格按照事物的客观规律办事。即根据库存应急物资本身的物理、化学特性及其变化规律，采取相应的保管措施，并利用外界自然因素（如温度、湿度等）的变化规律，为物资保管与养护创造一个适宜的外部环境。

（四）应急仓库库存货品保管与养护的基本措施

1. 严格入库验收

应急物资在入库之前，经过运输、搬运、装卸和堆垛等程序，可能会受到不同程度的损坏，因此要严格验收入库的应急物资，弄清物资及其包装的质量状况，防止物资在存储期间发生各种影响质量的变化。对有异常情况的应急物资要查清原因，针对具体情况进行处理，做到防微杜渐。如果是属于危险品的应急物资入库，如爆炸性物品、氧化剂、遇水燃烧物品、压缩气体、液化气体、易燃液体、易燃固体、腐蚀性物品、毒害性物品及放射性物品，必须包装完整，重量正确，并标有符合物资名称和危险性质的明显标记。

2. 适当安排存储场所

同一种类的物资，或性质相似、供应关联的物资，应尽量安排在一起储存，不要分开存放。由于不同的应急物资性能不同，对保管条件的要求也不同。如怕潮湿或易霉变、生锈的物资，应存储在干燥的仓库区；易溶化、易挥发的应急物资，应存储在温度较低的仓库区。而且，互有影响或互相抵触，要求的温、湿度不同，灭火方式不同的物资，绝对不能安排在一起储放，以免相互产生不良影响。尤其是对于化学危险品，要严格按照有关部门的规定，分区分类安排存储地点。

3. 合理进行堆码苫垫

入库的应急物资应根据其性质、包装条件、安全要求等采取恰当的堆垛方式，达到安全牢固、便于堆垛和节约仓库使用面积的目的。为了方便检查、通风防火和方便库房安全管理，应适当地留出垛距、墙距、柱距、顶距、灯距以及一定宽度的主走道和支走道。为了防止应急物资受潮和满足防汛需要，货垛垛底应适当垫高，对怕潮物资的垛底还需要加垫隔潮层。垛底地面应稍高，货垛四周应无杂草，并有排水沟以防积水。

4. 对不同类型应急物资进行分类保管

食品类应急物资不一定要放在应急仓库中，当有需求时，可以直接从企业调用，或者可以少量储存，但也要选择保质期相对较长的食品，如罐头、饮用水等，而不能存放面包、牛奶等容易变质的食品，并要定期进行检查，及时清理过期的食品，及时对物资进行更新。药品类应急物资应按用途或剂型等分类放置，所有药品必须有明显的标签，无标签的药品不能使用。某些药品需要冷藏或必须放置在阴暗处保存，易挥发、潮解或风化的药品应用瓶装密封保存，另外，要定期检查药品质量，及时清理过期或变质的药品。洗漱用品、被子等日用品类应急物资应保持干燥，防止火灾等的发生。对讲机、发电机、应急灯、计算机等抢险救灾指挥类物资相对来说价值较高，应作为重点保管对象，控制好温、湿度等。

5. 控制好仓库温、湿度

仓库的温、湿度的变化对应急物资质量影响极大。各种物资由于其本身的特性，对温、湿度一般都要求有一个适宜的范围。因此，应掌握自然气候变化规律，根据库存的应急物资的性能要求，适时采取密封、通风、吸潮和其他控制与调节温、湿度的办法，力求把仓库的温、湿度保持在应急物资存储的适宜范围内，以维护物资的质量安全。

6. 认真对应急物资进行在库检查

做好应急物资的在库检查对维护应急物资安全具有重要的作用。应急物资在存储期间受到各种因素的影响，在质量上可能发生变化，如不能及时发现并采取措施进行救治，就会造成或扩大损失。因此，需要根据物资的性质、存储条件、存储时间以及季节、气候变化等分别确定检查周期、检查比例、检查内容，分别按期进行检查或进行巡回检查。

7．保持好仓库清洁卫生

仓库环境不清洁易引起微生物、虫类滋生繁殖，从而危害物资。因此，应经常清扫仓库内外环境，彻底清除仓库内外的垃圾等物，必要时可使用药剂杀灭微生物和潜伏害虫。对容易遭受虫蛀、鼠咬的应急物资，要根据其性质和虫鼠的生活习性及危害途径，及时采取有效的防治措施。

总之，应急物资的保管保养工作要贯彻“预防为主，防治结合”的方针，应根据不同物资的性能特点，结合本地自然条件，对物资采取不同的科学保管保养方法，对物资进行妥善保管，采取有效的维护保养措施。

二、应急仓库的温、湿度管理

（一）应急仓库温、湿度管理的必要性

应急物资在存储期间的质量变化与存储环境有着密切的关系，而在影响存储环境的诸多因素中，仓库的温、湿度最为重要。应急物资在存储期间发生的霉变、锈蚀、溶化、虫蛀、挥发等变化，都与温、湿度密切相关。因此，应急物资保管和养护的中心环节就是控制好仓库的温、湿度。了解自然气候的变化规律，加强仓库温、湿度管理，创造适合物资安全存储的温、湿度条件，是应急仓库库存货品保管和养护的一项重要工作。

（二）应急仓库温、湿度管理的方法

1．密封

仓库密封是利用防潮、绝热、不透气的材料把货品尽可能严密地封闭起来，以隔绝空气，降低或减小空气温、湿度对商品的影响，从而达到安全存储应急物资的目的。密封能使应急仓库内温、湿度保持稳定状态，采用密封方法，要和通风、吸潮结合运用，如运用得当，可以收到防潮、防霉、防热、防溶化、防干裂、防冻、防锈蚀、防虫等多方面的效果。

（1）密封材料。

用于仓库密封的材料多种多样，凡是绝热性、隔潮性较好的材料，都可以作为仓库密封的材料。一般选用具有良好的抗压强度，足以支撑自身重量，不产生污染，不易燃烧或燃烧后不产生有害气体的材料。目前常用的仓库密封材料有防潮纸、油毡纸、塑料薄膜、纤维板等。

（2）密封形式。

密封保管的形式有整库、整垛、整柜、整件密封等，在仓库中主要采用前两种形式。

整库密封是将整个库房全部密封起来。一般适于那些存储量大，进出不频繁或整进整出的物资。整库密封时，地面可采用水泥沥青、油毛毡等制成防潮层隔潮，墙壁外涂防水砂浆，内涂沥青和油毛毡，库内做吊平顶，门窗边缘使用橡胶条密封，在门口可用气帘隔潮。

整垛密封是利用防潮隔热性能较好的密封材料将整个货垛上下四周严密地封闭起来。这种密封方法适于临时存放的，怕潮易霉或易干裂的应急物资。在密封过程中，先用塑料薄膜或苫布垫好底，然后再将货垛四周围起，以减少气候变化对物资的影响。

整柜密封是用密封材料将整个货架严密地封闭起来的方法。对于出/入库频繁、零星而又怕潮易霉、易干裂、易生虫、易锈蚀的应急物资，可采用整柜密封法。

整件密封主要是将应急物资的包装严密地进行封闭。一般适用于数量不多、体积小的易霉、易锈蚀物资，多数易潮、生霉、溶化、生锈的物资，都宜用塑料袋按件包装，加热封口，或放在包装箱、包装桶、包装袋内。

总之，要根据应急物资养护的需要，结合气候情况与存储条件，因地制宜，就地取材，灵活运用。不过，密封只有控制库房温度的作用，而没有调节的作用。密封是相对的，当出现不适宜温、湿度的情况时，还必须进行调节，所以只靠密封这种措施是不能达到使库房温、湿度适宜的目的的，必须和其他措施相结合。

2. 通风

通风是利用库内外空气温度不同而形成的气压差，使库内外空气形成对流，来达到调节库内温、湿度的目的。仓库内外温度差距越大，空气流动就越快。若库外有风，借风的压力更能加速库内外空气的对流。正确地进行通风，不仅可以调节与改善库内的温、湿度，还能及时散发货品及包装物的多余水分。

通风是调节库内温、湿度的简便易行的有效方法，对库内降温、升温、防潮等都有一定的效果。但是仓库通风并不是随便开启门窗，让库内外空气自由交换，而是要掌握库内外空气自然流动的规律，根据应急物资材质的要求，对比库内外温、湿度的实际情况和变化趋势，并参考风力、风向有计划地进行，否则通风不适宜，将造成不良后果。按照通风目的不同，可分为通风降温（或增温）和通风降湿两种。

（1）通风降温（或增温）。用于对湿度要求不高，而对温度要求比较严格的一些怕热的应急物资，如玻璃瓶或铁桶装的易挥发的化工原料、化学试剂和医药液体等物资。对于一些怕冻的应急物资，在冬季，只要库外温度高于库内，也可以进行通风，以提高库内温度。

（2）通风降湿。主要是对易霉腐、溶化、锈蚀等应急物资的通风。利用通风散潮来降低库内的相对湿度，首先应该对比库内外绝对湿度的高低，然后再考虑气温与相对湿度的高低。在分析研究比较复杂的库内外温度变化的情况下，决定是否通风。

3. 吸潮

吸潮是与密封配合，用以降低库内空气湿度的一种有效方法。在梅雨季节或阴雨天，当库内湿度过高，不适宜应急物资保管，而库外湿度也过大，不宜进行通风散潮时，可以在密封库内用吸潮的办法降低库内湿度。一般有吸潮剂吸潮和机械吸潮两种方法。

（1）吸潮剂吸潮。吸潮剂的种类很多，常用的有生石灰、氯化钙、硅胶。吸潮剂具有较强的吸湿性，能迅速吸收库内空气中的水分，从而降低相对湿度。

（2）机械吸潮。随着市场经济的不断发展，现代商场仓库普遍使用机械吸潮，即把库内的湿空气通过抽风机吸入吸湿机的冷却器内，使它凝结为水而排出。使用吸湿机吸潮，不仅效率高、降湿快，而且具有体积小、重量轻、不污染货品的优点。但是吸湿机的应用必须科学合理，要注意吸湿机吸湿功能与库房面积的关系，确保吸湿的效果。如春秋季多雨，吸湿机工作的时间应相应延长。与此同时，要注意吸湿与密封的关系，确保吸湿在密封的条件下进行，否则难以达到吸湿的效果。

（三）应急仓库库存货品的防霉与防虫

1. 霉变的防治

库存物资的霉变是指在某些微生物的作用下，引起货品生霉、腐烂和腐败发臭等质量变化的现象。霉变是应急物资的主要质量变化形式，引起物资霉变的主要有霉菌、细菌、酵母菌等微生物。要防治霉变，必须根据霉菌的生理特点和生长繁殖的环境条件，采取相应的措施，抑制或灭杀霉菌微生物。

（1）常规防霉。

常规防霉可以采用低温防霉法与干燥防霉法。低温防霉法是根据应急物资的不同性能，控制和调节仓库温度，使物资温度降至霉菌生长繁殖的最低温度界限以下，以抑制其生长；干燥防霉法是降低仓库环境中的湿度和商品本身的含水量，使霉菌得不到生长繁殖所需要的水分，以达到防霉变的目的。

（2）药剂防霉。

药剂防霉是将对霉变微生物具有杀灭或抑制作用的化学药品散发或喷洒到货品上，如苯甲酸及其钠盐对食品的防霉，水杨酰苯胺及五氯酚钠等对各类日用工业品、纺织品及服装鞋帽等的防霉。

防霉药剂能够直接干扰霉菌的生长繁殖。理想的防霉药剂，应当具有灭菌效果好、对人的毒害小的特点。常用的有五氯酚钠、氯化钠、多菌灵、托布津等。

（3）气相防霉。

气相防霉是利用气相防霉剂散发出的气体，抑制或毒杀应急物资上的霉菌，是一种较先进的防霉方法。其用法很简单，就是把挥发物放在应急物资的包装内或密封垛内。

对已经发生霉变但可以救治的应急物资，应立即采取救治措施，根据物资性质可选用晾晒、加热消毒、烘烤、熏蒸等办法，以减少损失。

2. 虫害的防治

仓库的虫害不仅蛀食物资，还会危害塑料、化纤等化工合成的应急物资等。因此，仓库虫害的防治工作是应急仓库中应急物资保管与养护的一项十分重要的工作。

（1）杜绝仓库虫害的来源。

仓库一旦发生虫害，必然造成极大危害。因此，必须加强入库验收，根据应急物资的具体情况，分别入库，隔离存放，在物资存储期间，要定期对易染虫害的物资进行检查，做好预测预报工作；做好日常的清洁卫生，铲除库区周围的杂草，清除附近沟渠污水，同时辅以药剂进行空库消毒，以有效杜绝害虫的来源。

（2）物理防治。

物理防治是利用物理因素（光、电、热、冷冻、原子能、超声波、远红外线、微波及高频振荡等）破坏害虫的生理机能与机体结构，使其不能生存，或抑制其繁殖。常用的方法有灯光诱集杀虫、高温杀虫、低温杀虫、电离辐射杀虫、微波杀虫、远红外线和高温干燥杀虫等。

（3）化学防治。

化学防治是利用化学药剂直接或间接毒杀害虫的方法，常用的药剂类型有杀虫剂、熏蒸剂、驱避剂等。在化学防治中，要选用对害虫有较高毒性的药剂，同时应选择害虫抵抗力最弱的时期施药。施药时，应严格遵守药物使用规定，注意人身安全和被处理商品、库房建筑以及备品用具的安全。

第四节　盘点作业管理

一、盘点的概念、内容和目的

（一）盘点的概念

所谓盘点，是指定期或临时对库存商品的实际数量进行清查、清点，即为了掌握货物的流动情况（入库、在库、出库的流动状况），核对仓库现有物品的实际数量和账上记录的数量，以便准确地掌握库存数量。在应急仓库中，盘点工作直接影响库存应急物资数据的准确性和及时性，也影响应急仓储管理的质量。

（二）应急仓库盘点的主要内容

应急仓库盘点的主要内容是：检查应急物资的账面数量与实物数量是否相符；检查应急物资的收发情况；检查应急物资的堆放及维护情况；检查各种应急物资有无超储积压、损坏变质的情况；检查应急仓库内安全设施及安全情况。

（三）应急仓库盘点的目的

应急物资盘点的目的主要有两个：一是控制存货，以确保满足应急仓库的日常活动；二是掌握损益，以便真实地把握应急仓库的经营绩效，并加强管理，防微杜渐。具体而言，应急物资盘点的目的有以下三点：

（1）确定现存量，并修正实际物资和账面数据不符产生的误差。通常应急物资在一段时间内不断接收与发放后，会由于库存资料记录不准确或盘点方法选择不恰当而产生误差，必须在盘点后找出错误的起因，并予以更正。

（2）计算应急仓库的损益。仓库的损益与总库存金额有相当密切的关系，而库存金额又与存货量有关。因此，为了能准确地计算出应急仓库实际的损益，就必须针对现有的物资数量加以盘点，并掌握一定阶段内的物资盈亏状况。

（3）稽核应急物资管理的绩效，使出/入库的管理方法和保管状态变得清晰。如呆废物资的处理状况、存货周转率、物料的保养维修，均可通过盘点来发现问题，从而提出改善的方法。

二、盘点的分类与方法

（一）应急仓库盘点的分类

（1）以盘点的范围来划分，可分为全面盘点和局部盘点。全面盘点是对所有的物资进行盘点，但由于其内容庞杂、范围广泛、工作量大，所以一般只在年中和年终进行。局部盘点是对部分的物资进行清点核对，对应急物资而言，一般是使用较为频繁的或者发挥作用较大的物资，根据实际情况在年内对其进行轮流盘点或重点抽查。

（2）以盘点周期来划分，可分为定期盘点和不定期盘点。定期盘点是对各项应急物资在固定的时间内进行盘点，如每月一次、每季度一次或每半年一次等。不定期盘点是指没有固定时间，而是根据实际需要对各项应急物资进行盘点。

（二）应急仓库盘点的方法

1. 账面盘点法

账面盘点法是将每一种物资分别设立“存货账卡”，然后将每一种物资的入库与出库情况详加记载，不必实地盘点即能随时从电脑或账册上查悉该物资的存量。通常量少而单价高的应急物资较适合采用此方法。

2. 实地盘点法

实地盘点法又称现货盘点法，依盘点时间频度的不同可分为期末盘点法和循环盘点法。期末盘点法是指在期末一起清点所有物资数量的方法，而循环盘点法则是每天、每周进行少种少量的盘点，到了月末或期末保证每项物资至少完成一次盘点的方法。

（1）期末盘点法。

由于期末盘点是将所有品种的物资一次盘点完，因而需要全体仓库员工参与，一般采取分组的方式进行盘点。一般来说，每组盘点人员至少要三人，以便能互相核对，减少错误，同时也能彼此牵制，避免流弊。

（2）循环盘点法。

循环盘点是将每天或每周当作一个周期来盘点，其目的在于对不同物资施以不同的管理，以减少损失。价格越高或越重要的应急物资，盘点次数越多；价格越低或越不重要的物资，就尽量减少盘点次数。因为循环盘点一次只进行少量盘点，因而只需专门人员负责即可。

三、盘点作业管理的作业流程和步骤

（一）应急仓库盘点的一般流程

应急仓库盘点的处理有两种，一种是根据存货管理员的定期要求对应急物资进行盘点，保管员生成当时盘点表，并进行实盘录入、实盘对账等，对差异进行处理，最后存货管理员也要处理盘点的差异，以保证账实相符；另一种是保管员可以不定期地根据应急物资发生的变动生成某时的动态盘点表，后面的处理过程与第一种一样。应急仓库的盘点流程如下图所示。

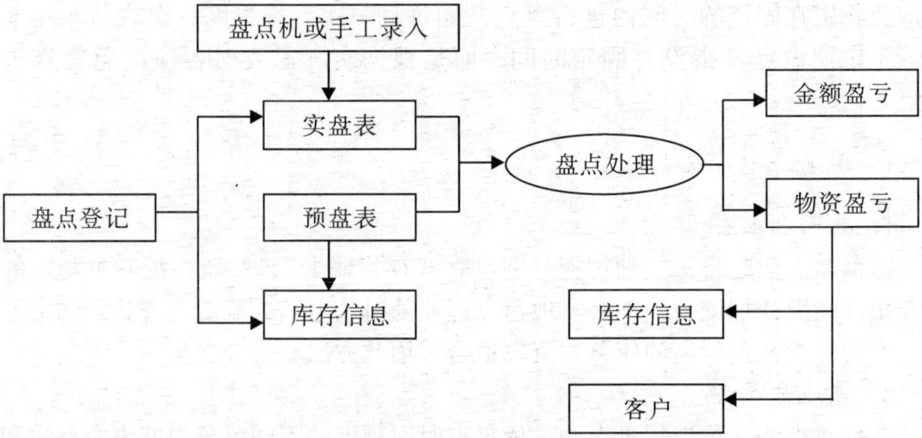

应急仓库盘点流程图

（二）应急仓库盘点的作业步骤

应急仓库的盘点首先要做好盘点的基础工作，其次是做好盘点前的准备工作，再次是做好盘点中的工作，最后是做好盘点后的处理工作。

1. 盘点的基础工作

盘点的基础工作包括盘点方法的选择、账务处理规则的确定、盘点作业组织、盘点物理环境、盘点作业制度建设等方面。

（1）盘点方法的选择。

因为不同的应急仓库现场对盘点的要求不同，盘点的方法也会有差异，为尽可能快速准确地完成盘点作业，必须根据实际需要确定盘点方法。

（2）盘点作业组织。

应急仓库的盘点工作一般由仓库管理部门自行负责，但随着仓库规模的扩大，盘点工作就得由专门的盘点小组来进行，盘点小组的人数依盘点工作量的大小而定。盘点机的使用缩小了盘点工作人员的规模，也大大节省了盘点工作所耗费的时间。在确定了盘点组织之后，应急仓库还必须规划好当年的盘点日程，以便事前准备盘点工作。

（3）盘点物理环境。

应急仓库盘点配备图应能确定存储物资的陈列位置，另外，盘点配备图还应涉及应急仓库的主要设施，凡物资存储或陈列之处均要标明位置，以便分区负责实施盘点作业。盘点配备图的运作方法是：确定存货摆放的位置；根据存货位置编制盘点配备图；对每一个区位进行编号；将编号作为贴纸，粘贴于陈列架的右上角。上述工作可以详细地分配责任区域，以便使盘点工作人员确实了解工作范围，并控制盘点的进度。

（4）盘点作业制度建设。

在对应急仓库的物资进行盘点时，往往会遇到盘损的情况，即物资的实际值小于账面值，但只要盘损在合理的范围内都可视为正常。物资盘损的多少，可以表现出仓库管理人员的管理水平和责任感，因此，应急仓库有必要制定合理的奖惩制度，对表现优秀者予以奖励，对表现较差者予以处罚。

2. 盘点前准备

在盘点前，应急仓库除了确立盘点的基础工作规范以外，还必须做好盘点前的准备工作，以促进盘点工作的顺利进行。盘点前的准备工作包括以下六个方面：

（1）盘点人员准备。

由于盘点作业必须动用大批人力，通常盘点当日应该停止任何休假，并于一周前安排好出勤计划。

（2）盘点环境整理。

应急仓库盘点的环境整理工作一般在盘点前一日做好，主要包括：检查仓库存货的位置和编号是否与盘点配备图一致；整理存货区的物资，清除不良品，将其装箱标示并做好账面记录；清除仓库及作业场死角；将各项设备、备品及工具存放整齐。

（3）盘点工具准备。

若使用盘点机器来开展盘点工作，应该先检查盘点机器是否可正常操作；如采用人员填写方式，则需准备相应的工作表单和至少两种颜色的记录笔（保证抽查与初盘、复盘能使用不同颜色的笔来记录），盘点用的表格必须事先印制完成。

（4）盘点单据的整理。

为了尽快获得应急物资的盘点结果，盘点前应对进货单据、进货退回单据、变价单据、销货单据、报废品单据以及前期盘点单据进行整理。

（5）盘点工作分派。

在进行盘点时，管理人员不宜自行盘点，但由于物资品种繁多，差异性大，对物资不熟识的人员在进行盘点时难免会出现差错，所以在初盘时，最好还是由直接管理该类物资的管理人员来实施盘点，然后再由相关的工作人员进行交叉复盘及抽盘工作。

（6）盘点知识培训与指导。

盘点前应对盘点人员进行必要的指导，如盘点要求、盘点常犯错误及异常情况的处理办法等。应对所有人员进行盘点方法训练，并专门针对复盘与监盘人员进行认识货品的训练。

3. 盘点中作业

盘点时，由于工作单调琐碎，盘点人员较难持之以恒，为确保盘点的准确性，除了在人员培训时加强教育外，在工作期间也应该进行指导与监督。盘点中作业一般分为三种，即初点作业、复点作业和抽点作业。

（1）初点作业。

盘点存储区货架上的应急物资时，要依序由左而右、由上而下进行盘点；每个货区或货架都应视为一个独立的盘点单元，使用单独的盘点表，以便于按盘点配备图进行统计整理。盘点时，最好两个人一组进行盘点，一人点，一人记；盘点单上的数据应填写清楚，以免混淆；不同特性应急物资的盘点应注意计量单位的不同；盘点时应顺便观察应急物资的有效期，过期物资应随即取下，并做记录。

（2）复点作业。

复点作业可在初点作业进行一段时间后再进行，复点人员应手持初点的盘点表依序检查，把差异填入差异栏；复点人员须用红色圆珠笔填表；复点时应再次核对盘点配备图是否与现场实际情况一致。

（3）抽点作业。

抽点办法可参照复点办法。抽点的物资可选择在应急仓库内死角的物资，或不易清点的物资，或单价高、金额大的物资。对初点与复点差异较大的物资要加以实地确认。

4. 盘点后处理

（1）资料整理。将盘点表全部收回，检查是否有签名，并加以汇总。

（2）根据盘点结果实施奖惩措施。

(3) 根据盘点结果找出问题，并提出改善对策。

(4) 做好盘点的财务会计账务处理工作等。

四、盘点结果评估

(一) 盘点盈亏分析

应急仓库进行盘点的目的主要是希望能通过盘点作业来检查物资的出/入库及保管状况，因而通过盘点要了解的问题有：①在这次盘点中，实际存量与账面存量的差异是多少？②哪些品种的应急物资存在这种差异？③平均每一差异量对应急仓库的损益造成多大的影响？④每次循环盘点中，有几次确实存在误差？⑤平均每品种应急物资发生误差的次数是多少？

对于这些问题，我们可从两项指标中找到答案，即"盘点数量误差率"和"盘点品种误差率"。如果"盘点数量误差率"高，但"盘点品种误差率"低，表示虽发生误差的物资品种减少，但发生误差的物资数量却有增加的趋势。此时应检查负责这些品种的盘点人员是否尽责、这些物资的放置区域是否得当及有无必要加强管理。相反，如果"盘点数量误差率"低，但"盘点品种误差率"高，则表示虽然整个盘点误差数量有下降趋势，但发生误差的物资种类却增多。误差品种太多将使得后续的更新修改工作更为麻烦，且有可能影响出货速度，因此也需要对此现象加以分析和管理。

(二) 盘点盈亏处理

应急物资盘点差异追查清楚后，可针对问题的主要原因进行改进和处理，具体解决方案如下：

(1) 建立健全的进、存、出物资的检验、记录、核对制度，并落实到岗位和人员。

(2) 分别培训登账人员和出/入库物资的作业人员，提高仓库管理人员的素质。首先，应培养仓库管理人员的责任感；其次，要分岗位培训盘点人员的业务操作能力；最后，应常进行岗位练兵活动，并形成制度。

(3) 对于易发生货损货差的物资，可委派专门的人员进行循环盘点，发现问题及时解决。

(4) 对于废、次品及不良品，应视为盘亏，并深入调查原因，采取防治措施。对于已经存在的废、次品及不良品，应予以迅速处理。

(5) 严格执行赏罚分明的奖惩制度。对盘点结果无差错、仓库管理工作做得好的人员进行褒奖；对差错严重、管理工作做得较差的人员进行惩罚。

第五节 应急仓库仓储成本管理

一、应急仓库仓储成本概述

（一）应急仓库仓储成本的概念

应急仓库仓储成本是指应急仓库在经营活动中各种要素投入的以货币计算的总和。其中，一部分用于仓储设施与设备的投资和维护，以及物资本身的自然损耗，另一部分则用于仓储作业所消耗的物化劳动，主要包括工资和能源消耗等。

（二）应急仓库仓储成本的构成

仓储成本是衡量应急仓库经营管理水平和管理质量高低的重要标志，应急仓库的仓储成本由显性成本和隐含成本构成。

1. 显性成本

显性成本主要指储存、装卸、搬运、备货、包装和人工费等具体的基础设施、设备资源和运作过程中固定发生的费用。具体而言，显性成本可以分为以下七类：

（1）保管成本。

保管成本是指为存储应急物资所支出的货物养护、保管等费用，它包括用于物资保管的苫垫用品、货架、货柜的费用开支，仓库场地的房地产税等。

（2）装卸搬运成本。

装卸搬运成本是指应急物资入库、堆码和出库等环节发生的装卸搬运费用，包括搬运设备的运行费用和雇用搬运工人的成本。

（3）管理人员的工资和福利。

应急仓库管理人员的工资一般包括固定工资、奖金和各种生活补贴。福利费可按标准提取，一般包括住房、医疗以及退休养老支出等。

（4）折旧费或租赁费。

应急仓库自有的固定资产每年需要提取折旧费，对外承包租赁的固定资产每年需要支付租赁费。仓储费或租赁费是仓储企业的一项重要的固定成本，构成仓储企业的成本之一。对固定资产的折旧一般按年度提取，不同的设施及设备折旧的年限不同，需要提取的折旧主要包括库房、堆场等基础设施的折旧和机械设备的折旧等。

(5) 修理费。

修理费主要用于设备、设施和运输工具的定期大修理，每年可以按设备、设施和运输工具投资额的一定比率提取。

(6) 管理费用。

管理费用是指应急仓库为管理仓储活动或开展仓储业务而发生的各种间接费用，主要包括仓库设备的保险费、办公费、人员培训费、差旅费、招待费、营销费、水电费等。

(7) 仓储损失。

仓储损失是指在保管应急物资的过程中因货物损坏而需要付出的成本，造成货物损失的原因一般有仓库本身的保管条件、管理人员的人为因素、物资本身的物理和化学性质、搬运过程中的机械损坏等。

2. 隐含成本

仓储成本除了包括看得见、摸得着的显性成本外，还包括看不见、摸不着的机会成本和风险成本等隐含成本。应急仓库的隐含成本包括由于仓储作业流程不畅而导致的对救灾等应急工作的不利影响，应急仓库如果不能有效地对应急物资进行分拣、包装，然后根据需求进行配送，及时地送到灾区，必将在一定程度上影响救灾活动的效果，从而造成国家和人民在财产和人身安全上的损失。

二、应急仓库仓储成本分析与控制

(一) 应急仓库仓储成本分析与控制的重要性

仓储成本分析与控制是指以成本核算资料为基础，结合其他有关的核算、计划和统计资料，采用一定的方法剖析成本变动的原因及管理问题，并预定仓储成本的限额，以实际仓储成本与仓储成本限额比较，衡量仓储活动的效果，并纠正不利差异。在应急仓库的成本管理中，经济效益固然重要，但更应该把时间效益放在第一位，在保证时间效益的基础上，兼顾经济效益，因为所有的应急仓库活动，都是为了更加快捷和正确地发送应急物资到需求地。

对仓储成本的分析与控制，能帮助应急仓库最大限度地利用仓储设施和设备，以最佳的人力、物力和财力把应急物资管理好，能提高应急仓库的服务水平和响应速度，直接服务于应急物资的需求点。它是应急仓库在突发事件来临时可以迅速组织应急物资对事发地区进行救援，保障人民群众的生命财产安全的保证，关系到一个国家应急救援能力的持续性和应急物流的高效性。

(二) 应急仓库仓储成本分析与控制的内容

在显性成本方面，应急仓库必须有足够高的货位利用率来分摊固定费用，合理规划仓储空间，提高设备完好率，减少非生产人员数量，以有效地降低显性成本。同时，应急仓库还应当在隐含成本上下工夫，这就需要加强管理，合理选择备货方式，做好物资的养护工作，提高装卸搬运的灵活性，提高劳动效率，提高仓储服务质量，降低机具物料的损耗和燃料的消耗，降低机会成本和风险成本，有效降低变动费用。

1. 存储成本分析与控制

存储成本分析主要是对固定费用的“分摊”的分析。应急物资的存储量及存储的规律性会影响其存储成本的高低，这是因为仓库的存储量可以“分摊”固定费用，也就是说一定的存储量和稳定的存储规律性可以通过降低单位物品的存储成本来提高应急仓库存储效益，因此要提高仓库存储量，合理规划仓储空间，进行科学的货位规划。

2. 装卸搬运作业成本分析与控制

装卸搬运作业成本主要包括装卸搬运设备的成本和费用、能源消耗费用、人工成本和时间费用等。可以通过合理选择装卸搬运设备、提高物品装卸搬运的活性化与可运性、合理选择装卸搬运方式和改进装卸搬运作业方法来提高装卸搬运效率和降低装卸搬运成本。在应急管理中，由于对应急物资的需求具有突发性，通常需要临时增加装卸设备和装卸劳动力，这无疑会增加总的装卸搬运作业成本。这时候就需要权衡应急救灾工作的时间成本效益和应急仓库工作的经济成本效益，对临时增加的装卸设备和人工进行成本控制和分析。

3. 人工费用的分析与控制

仓储人工费用的支出主要有两个方面：一是仓储管理人员的工资、奖金、福利费、津贴等；二是仓储生产工人的工资、奖金、津贴、福利费等。应尽可能充分地利用应急仓库对仓储过程中投入的劳动力，不断提高劳动生产率，并使其发挥最大的效用。仓储人工费用的分析与控制，应着重于尽量减少非生产工人的工资支出，因为这部分成本费用支出与仓储作业量没有直接关系。此外，选择合理的劳动组织形式、工资形式，对于降低人工费用也有重要影响。

4. 设备物料和燃料的成本控制

在仓储作业过程中，各种工具、索具、叉车、吊车及制冷、除湿、通风等设备的使用，都要耗费燃料、电力和水资源等。要对这些设备的使用进行有效的控制，把能源消耗降至最低点。要制定合理的作业流程，尽量减少不必要的重复性作业，在提高快速响应能力的基础上，避免过度使用设备，提高设备完好率。

5．提高仓储服务质量，降低仓储成本

在一般情况下，仓储服务质量越高，仓储成本也越高。但在应急仓库服务质量管理的过程中，应该注意到仓储服务质量也是有极限的，因为仓储服务质量的高低与仓储成本不成正比。当仓储服务质量达到一定高度时，仓储服务质量的增长速度慢于仓储成本的增长速度，这时仓储服务质量的提高是依靠成本的大幅度提高而提高的，所以仓储服务质量应该是在合理的仓储成本之下的水平。

6．降低机会成本和风险成本

随着库存的应急物资价值的提高，应急仓库所承担的风险也在提高。从这个意义上讲，应急仓库管理人员应当对物资的价值、特性等有充分的了解，并采取相应的仓储保管措施，以降低仓储作业的风险成本。若应急仓库为了降低风险成本或远离风险，对易碎性、易破损性的应急物资不予经营，则势必会降低仓库的吞吐量，提高机会成本。此外，对于轻、大和重物，短期储存和长期储存都存在机会成本的问题，应急仓库要根据经验和规律合理解决。

应急物资的变质、短少、损害或报废的相关费用构成应急仓库仓储成本的最后一项，即风险成本。在仓储过程中，应急物资会因各种原因被污染、损坏、腐烂、被盗，或由于其他原因不适于或不能使用，直接造成物资的损失，这些都构成了应急仓库的风险成本。具体而言，应急仓库可以采取以下方法来降低仓库的风险成本：一是经常盘点，以发现物资的质量是否安全和合格；二是进行物资跟踪，对于那些发送频率很低的应急物资，可以适当减少存储的数量，以降低物资因发生质变而不能使用的风险；三是与企业合作，对于那些难以保存的应急物资，如食品和衣物等，可以在紧急事件发生时，直接从企业调用。

三、降低应急仓库仓储成本的途径

仓储成本是影响应急仓库经营效益的重要因素，仓储成本管理对于提高仓库的整体管理水平、提高经济效益有重大的影响，因此，应急仓库必须在不降低总体服务质量和目标水平的前提下，努力控制仓储经营过程中的各项成本，尽量减少不必要的开支，争取最大效益。具体而言，降低应急仓库仓储成本的主要措施有如下六个方面：

（一）分类管理

应急仓库可以利用 ABC 分析的管理方法，根据物资的种类、数量、价值、性质等因素进行综合分析，解决各类物资的结构关系、存储量、重点管理、技术措施等合理化问题，分别决定各种物资的合理储存量及经济地采用储存方法，分门别类地进行仓储成本控制。

（二）进行有效期管理

存储现代化的一个重要课题是将静态存储变为动态存储。应急仓库应经常对应急物资的有效期进行管理，防止物资过期报废，及时发现那些快要过期的应急物资，并采取相应的措施，如退还供货企业，或者捐赠给一些社会慈善机构和组织，或者作为他用，这样不仅可以减少因为应急物资损坏而发生的货损货差，还可以降低仓储成本等。

（三）提高存储密度和仓容利用率

提高存储密度和仓容利用率的主要目的是减少存储设施的投资，提高单位存储面积的利用率，以减少土地的占用，进而降低成本。主要的方法有：采取高垛的方法，增加存储的高度；减小库内通道宽度，以增加存储有效面积；减少库内通道数量，以增加存储有效面积等。

（四）采用有效的存储定位系统

存储定位就是确定被储物资的位置。如果采用有效的定位系统，就能很大程度地节约寻找、存放、取出物资的时间，节约大量的劳动成本，而且还能防止出现差错，便于清点。目前，较为常用的定位系统是计算机定位系统，即利用计算机存储容量大、检索速度快的优点，在入库时，将存放物资的货位输入计算机，出库时用计算机查询，按计算机指示的货位和拣选方式，迅速地提取货物。利用计算机系统，可以采用随机存储的方式，不用为特定的物资预留货位，能够充分利用库场的每一个货位，有利于提高仓库的存储能力，在相同吞吐量的情况下，与一般仓库相比更节约建筑面积。

（五）采用有效的监测清点方式

对所存储货物的数量和质量的监测不仅是库存管理的基本工作，也是科学控制库存的有效措施。在经营中不进行有效的监测就可能造成账货不符等现象，对企业造成损失。因此，经常性的监测是掌握被存储物质量的一个重要环节。监测清点的主要方法是采用光电识别系统和计算机监控系统进行监测。光电识别系统是在货位上设置光电识别装置，利用该装置对货物进行扫描，该装置会将准确数目自动显示出来。这种方式不需人工清点就能准确掌握库存的实际数量。计算机监控系统是通过电子计算机批示存取，可以防止人工存取容易出现的差错，它通过在储存中采用条形码技术，使识别计数和计算机相连，每存取一个货物时，识别系统都能将相关信息输入计算机中，计算机会自动进行相关的记录，需要时只要向计算机查询，就可以马上了解仓储货物的准确信息和库存数量。

（六）采用仓储信息系统

计算机技术、网络技术和多媒体技术的成熟与发展，为仓储管理的自动化提供了强有力的技术支持，由于应急物资的特殊性和应急仓库所肩负的责任，管理信息系统在仓库中的使用更为必要。利用先进的计算机技术和控制手段，对存储的应急物资按照不同的类型分类，分析其周转率，对其进行跟踪，可以更好地实现物资的有效管理。同时，利用仓储信息系统，还可以实现库位分配自动化和智能化，提高仓储作业的效率和速度，提供准确的库存信息，并使之与实际库存变化同步。

阅读材料 3.2

困境：重复缴税何时休

物流运输过程中有一个很特殊的成本，那就是税收。

一、运送 4 盏灯利润 12 元　纳税 39 元

在广州城市之星物流中心，运货员正在安排运货，要把 4 个价值 740 元的灯具从广州运往山东莱芜。公司会计师沈华伟说，这单活公司能挣 12 元，但是却要缴纳 39 元的税。

运送这 4 盏灯，利润不过 12 元，缴税额却高达 39 元，税款相当于利润的 3 倍多。广州城市之星物流中心总裁黄爱娟解释说，他们缴纳的税主要是营业税、城建税、教育费附加和企业所得税，加起来税款应该是 34 元，但实际上企业却缴纳了 39 元，税款为什么多出来 5 元呢？

黄爱娟说："因为我们企业缴了一笔税，我们的供应商也会缴税，有时候供应商的供应商还要缴税，这种重复是比较明显的。"

之所以 34 元的税变成了 39 元，是因为中间有重复缴税。货物从广州到莱芜行程 2 200 公里，他们公司已经为期间产生的 402 元运费缴了税。但是货物进入山东后，由山东的物流分公司负责运送到目的地，分公司是独立法人，还需要为这单货物的运输所得向各自所在地的政府缴税。

广州城市之星物流中心的刘朝兵说："这个税总共是 402 块钱，但是到临沂中转的话，我们临沂分公司先找诚信比较好的分公司，委托他们把货物托运到莱芜，他那里也是需要开发票的，但是从这里到莱芜，我们的总公司早已经开发票给客户了。"

货物从广州运到莱芜在税款上到底会发生什么状况？在山东临沂接单的负责

人曹志峰表示，尽管总公司已经为全程运费缴了税，但是临沂到莱芜这200公里产生的90元运费，他们确实需要再次缴税，税款是5元钱。在他们的业务过程中，这种情况是很普遍的。负责临沂到莱芜路段送货的山东三财物流公司负责人郭彬表示，他们是到货开发票的，两边都是单独另开发票的。

由于网络铺设的需要，物流企业会在全国各地建立很多子公司和分支机构，很多时候从客户手中接到的一单货物，要通过几个子公司周转完成，但每多一次周转，就多一次重复缴税，带来了不小的负担。有时候到了二三线城市，或是到了一些小镇上，可能要通过几个环节的操作才能完成整个运输过程。这对于客户来说成本就比较高。

从一单货的运送来看，似乎4盏灯多缴5元钱的税，不是一个很大的数字。但实际上，城市之星在全国有200多个网点，每天都有成百上千条线路在运行，公司每年重复缴税的款额有近百万元。这些多出来的成本，至少会抬高10%的运费，最终由消费者买单。在广州能够做第三方物流的公司多达上千家，大部分企业都面临着重复缴税的问题。

目前，我国现行税收制度分为流转税、所得税、财产税以及行为税四大类税系，各税系中涉及物流业的有十几项税种，其中重复缴税的情况主要出现在外包业务中。从利润来看，物流业的平均毛利率由2002年的30%降低到目前的10%以下，仓储企业则只有3%～5%，运输企业只有2%～3%，卡车运输、货代和一般物流服务的利润率下降到平均2%左右。重复缴税对于利润微薄的物流业来说，确实是个沉重的负担。

表3-2 我国物流业主要税类、税种的基本情况

税　类	税　种
流转税	营业税
所得税	企业所得税；个人所得税等
财产税	房产税；城镇土地使用税；车船税；车辆购置税；契税；船舶吨税等
行为税	城市维护建设税；印花税；教育费附加等

利润才12元，但是缴税额却高达39元。当然，有时候公司经营得不好，税收比赢利高，这并不是什么奇怪的事情，但让黄爱娟觉得不合理的是，在39元税款中，有5元钱属于重复缴税，原因仅仅是货物在运输中换了承运人，由于有发票往来，即使是分公司的关系也需要再次为同一单货物缴税。快递运输环节如

此，那么仓储环节又是怎样的呢？

二、60万元仓库月税8.5万元，重复缴税比例近50%

广州中联环宇物流负责人黎建明一直为重复缴税的问题挠头，他花了24万元租仓库，又以60万元包租出去，因为中间出现了重复计税，他一个月需要缴税8.5万元，其中4万元属于重复缴税。黎建明说，他的月纯利润是24 000元，仅重复缴纳的税款就是他利润的1.66倍。

公司财务总监林剑芳说："我们租业主的仓库交的24万元租金里面，已经缴的税包括营业税、城建税、教育费附加，还有房产税、土地使用税，这里加起来已经缴的税是4.5万元，我们再开发票给客户。60万元的收入里面我们还要缴纳4万元营业税，包括其他附加税。"

重复缴税出现在第二次转包的过程中，24万元租来的仓库外租出去可以有60万元的营业额，除去成本，他的实际收入是36万元，但是因为分包要重复计税，他的实际缴税是按照60万元来算的，其中包括营业税、城建税、教育费附加、堤围费、印花税、企业所得税等。

林剑芳说："总共加起来，我们一个月已经缴纳8.5万元的税款了。"8.5万元里面，重复缴税部分高达4万元。

遭遇重复缴税的仓库，中联环宇物流公司在广州就有4个，总面积达6万多平方米。负责人黎建明算了一笔总账："比如说，我们租回来是700万元，我们转租出去是1 600万元，中间是有900万元的毛利在里面，可是我们企业实际的利润去掉缴税的，税额大概是120万元，在我们120万元的里面重复缴税多的时候达50万元，就是这个概念。"

应该说，高税率是推高仓储企业税费的一个重要原因。根据企业性质，企业所得税税率分三个等级，每个等级适用的企业不同。仓储企业多属第三个等级，从2008年1月1日起，企业所得税按25%的最高税率缴税。

表3-3 我国新企业所得税税率表

档 次	税 率	适用企业
1	15%	需要国家重点扶持的高新技术企业
2	20%	1. 符合条件的小型微利企业（年度应纳税所得额不超过30万元，从业人数不超过80人，资产总额不超过1 000万元的物流企业）
		2. 在中国境内未设立机构、场所的，或者虽设立机构、场所，但取得的所得与其所设机构、场所没有实际联系的非居民企业
3	25%	其他企业

此外，现行营业税的税目将物流业务划分为交通运输与服务两大类，装卸、搬运执行的是交通运输业的营业税，税率是3%；仓储、配送、代理等执行的是服务业的营业税，税率是5%。不同环节的税率不一致，给企业经营带来了麻烦，也容易出现重复缴税。

表3-4 物流业应税情况表

税 目	应税服务	税 率
交通运输业	陆路运输、水路运输、航空运输、管道运输	3%
服务业	代理业、仓储业、租赁业及其他服务业	5%

广州物流协会秘书长张强表示："我们一直在呼吁统一一个物流税，便于核算。哪些是仓储费用，哪些是运输费用是很难说清楚的，因为物流是个组织活动，是把仓储和运输有效组织起来的一种经营活动，统一成一种税率比较合理。"

担任中国财税法学研究会会长和北京大学税法研究中心主任的刘隆亨长期从事财税法的政策研究工作。他认为，一个物流公司需要准备十几种发票，物流业需要缴纳的税种繁多，核心在于物流行业至今没有一个精准的性质定位。如果确定了物流行业的性质，那么就可以根据它的性质确定它的税收政策。

中国物流与采购联合会副会长贺登才早在2009年就和相关专家在《中国物流业税收管理研究》的调查报告中建议：统一物流业各环节业务营业税适用税率，仓储等业务参照现行运输业3%税率征收。而在仓储业不合理的重复征税问题上，他认为主要纳税点在土地使用税上。

贺登才说："2007年1月份开始，平均土地使用税增长两倍，但有的地方涨到9倍、15倍，最极端的是由1块钱涨到了15块钱。这还只是说他一手，如果说再倒一手可能就再加20%，再倒一手就再加20%，所以这一块负担还是很重的。"

近两年，广州地价上涨了两倍，土地使用税水涨船高，重复缴税的金额也跟着涨了。对于微利仓储，包租转租过程中的重复缴税确实是个不小的负担。这样，物流行业生存下去的唯一办法就是提高仓库租金。

也有学者建议，针对物流服务的社会公益性特点，应该将物流业与传统房地产业和一般意义上的租赁服务业进行区分，降低现代物流企业土地使用税税率，按各地规定的30%征收，或者以2005年税率为基数，一定5年不变，以维持重资产型物流企业的正常经营。

由此看来，仓储环节也同样存在着重复缴税的情况。多缴纳的税款要么挤压了物流企业的利润空间，要么引发连锁反应，最终推高了物价。出现这样的结果是因为我国到现在为止还没有对物流行业作出一个精准的定位，物流业税种繁多而且混乱，重复计税的现象比比皆是，这样的局面让物流业的联合运输不堪重负。

三、联运赢利216元　付税1 345元

在广州番禺货运码头，宏峰物流公司的总经理张晶林和船务总监黄毫生正在监管从广州运往海口的一批货，这是一批近千吨的钢材。虽然他们以19 000元的价格拿下了这个单子，但在转包给码头的过程中，实际毛利只剩下216元，转包过程中缴纳的税额是1 345元，包含重复缴税657.35元。重复缴税额是利润的3.04倍。

总经理张晶林说："客户在码头有一笔装卸费用，本身这笔装卸费用码头已经是缴了税的，但是物流公司在后面的环节中又会缴税。"那么这笔重复缴税是怎样产生的呢？该公司财务经理刘锦东算了一笔账，从广州到海口的整体运费是19 902元，缴税是688.34元。货物到达码头，物流公司就只能履行监管义务，把涉及码头搬运的项目外包给码头，但码头是独立法人，所有在码头产生的搬运费用不能抵扣，还得再缴一次装卸税。

刘锦东说："分包出去，就是18 998.2元，而码头分包出去的费用我们是取得了对方的发票的，那么这个肯定对方已经缴税了，已含税款了，这里面所包含的税额就是657.35元。"

船务总监黄毫生说："码头装卸费用是我们无法抵扣的，就变成我开票给客户结算的时候，我这部分拿回的成本抵不了税，等于是码头这个装卸税已经缴过了，（我们）还要再缴一次。"

总包物流企业按19 902元的结算价缴了688.34元的税，分包码头按18 998.2元的承包价又缴了657.35元的税，双方加起来等于是按38 900元缴了税，多缴纳的657.35元属于重复缴税。财务经理刘锦东指出，重复缴税，加重了企业的运输成本，当然会转移到商品价格上去。而物流公司完成这单业务的毛利润只有216元，已算微利。

水运码头的业务量占了该公司业务量的一半左右，这种重复缴税几乎每天都在发生，公司每年重复缴税的额度最少有几十万。有的业务，如果客户给的价格过低，公司就只能忍痛割爱，放弃这单生意。

目前，网络化经营、一体化运作是物流企业的基本运行模式，物流企业一般都依靠加盟或者成立子公司来扩大网络以吸引更多客户，此外还会跟其他公司通过转包、联运、挂靠等多种方式合作，通过整合各种物流资源来降低运营成本。但是按照现行税收政策，每转包一次，就要开一次票、缴一次税，专业分工越细，交易次数越多，重复缴税额度就越大。

水路与陆路、公路与铁路的联运业务，似乎已经成了重复缴税的重灾区。中国物流学会常务理事桂寿平认为应该把各个地区的各个部门，尤其是税务部门协调在一起，分段计税，实行一票制，然后每个环节缴多少税要切割开来，使各个地区都能得到自己的税收，对企业来说也规避了重复缴税。

多式联运这个概念虽然好，但是税收是画地为牢的，各地的税收是“分灶吃饭”，这是我们国家税制的一个实际问题，所以目前很难打破这个禁闭。

市场经济崇尚精细分工，每一个工种犹如庞大机器上的一个个齿轮，咬合紧密才能维持一个高效运转的循环体系。由于存在重复计税这种合法不合理的情况，分工越细，缴纳的税款越多，就导致利润越低。因此，许多企业宁愿选择分工少、效率低的方式来运营，仅仅是为了少缴税，保住利润。这样的市场规则，最终会让整个物流行业的效率变得越来越低，那么如何改变这一现状呢？

四、物流税改试点　寡头的盛宴

自从2005年国家发改委和国家税务总局联合确认了第一批纳入试点的物流企业名单以来，至2010年试点企业已接近600家。

德利得物流公司于2008年成功申请进入第四批物流试点企业名单后，企业外包的运输和仓储业务都能抵扣税款，降低税款比例达到24%。其中运输业抵扣了22%的税款，仓储业抵扣了26%的税款，其仓储业的费用也减少到大约1/3的数额。这个数占其利润的1/3左右。对于德利得这样的公司，成为试点企业之后，重复缴税的问题已基本解决，每年大约减少了几百万元的损失。

即使如此，物流税改试点企业也有有关缴税方面的烦恼。比如《关于试点物流企业有关税收政策问题的通知》明确指出：试点企业将承揽的运输、仓储业务分给其他单位并由其统一收取价款的，应以该企业取得的全部收入减去付给其他合作方的余额为营业额计算征收营业税。这条看似避免重复缴税的重要条款，却让试点企业遭遇新的难题。

对于这一条款，德利得物流公司的运营总监恽绵说：“营业税抵扣的依据是正规的公务类和运输业发票，还有仓储服务的发票。但是我们外包出去的个体运输户很难取得这些正规的发票，这个是挺麻烦的。”他介绍说，外包给个体运输户这一块占了总业务量1/3的比重。取得发票往往会遇到各种各样的问题，最终让企业无法抵扣。而恽绵所在的公司属于集团性的企业，分别分布在北京、天津、上海和广州，目前天津和北京总部都是试点单位，可以享受税收优惠政策，但因上海和广州两处子公司还未审批，就不能享受同等待遇，使公司整体优势无法发挥，所得税也无法集体缴纳。

即便有各种各样的问题，降低的税款是真金白银，能够抵扣企业成本，物流企业还是一拥而上。但是加入试点并不容易。试点开展以来，全国600多万家物流企业中进入试点的不过是近600家。试点的门槛有三个基本要求：一是营业税年纳税100万元；二是不能有不良纳税记录；三是必须为物流企业。

在这三条里头，最难的是怎么判断企业是不是物流企业，这一筛选是通过国家发改委、物流与采购联合会、国家的一些物流主管部门以及各个省市的物流主管部门来进行的，最后环节是通过国家税务总局。试点企业首先要具备规模和实力，在申请的过程当中要申报多种报表和财务资料，而且要经过国家发改委、物流与采购联合会以及国家税务总局等多部门的审核。比如，税收试点企业太平洋物流有限公司的有关人士表示，申请需要各方面，如流协会、税务局、财经局这些部门的联合推进。

从一定程度上来讲，试点企业对非试点企业构成了不公平的竞争。财政部财政科学研究所所长贾康表示，试点是属于前期探索性的一些安排。他认为，目前推进的税收试点带有因地制宜的地方色彩，而并非全国统一规范化的一个方案。现在的税制按照1994年实施的配套改革，虽然增值税有了转型，但是它没有解决扩围的问题，这些物流企业仍然在营业税覆盖之下。因为没有抵扣概念，实际上导致第三产业里面容易出现重复缴税的问题。

一个税收政策的改变能让一家企业每年增加1/3的收入，这样的改变或许就能决定一个行业是兴盛还是衰落。但是相对于600多万家物流企业来说，只有近600家企业能享受试点优惠，这对全行业来说甚至连杯水车薪都谈不上。绝大部分物流企业不但享受不到优惠，反而还因为这种差别待遇而遭受了不公平竞争，那么重复缴税的难题究竟该如何解决呢？

五、增值税扩围解决重复缴税难题

人类社会有两件事情不可避免：一是死亡，二是缴税。

北京市法学会金融与财税法学研究会副会长孙建波长期致力于金融税法的研究，他的观点是：缴税乃天经地义，但不合理的税制应该变革。他认为，对于物流业营业税缴纳过程中重复缴税的问题，最彻底的解决方式，就是将其纳入增值税的征收范围之内。这样的话，它可以进行相应的抵扣，必然也不会发生这种重复缴税的情况。应以征收消费型增值税为主，逐步从征收营业税转成增值税。在营业税和增值税并行时，要统一各行业税率，缩小增值税优惠范围，将营业税采用增值税计税原理，实行差额缴税，消除重复缴税。

中国物流与采购联合会副会长贺登才也有相似的看法，通过把营业税改为增值税就可以解决这个重复缴税的问题。为了这个设想，贺登才和相关专家选取了65家具有一定代表性的物流企业进行调研。其中，国有及国有控股企业35家，占企业总数的53.9%；民营企业19家，占29.2%；外资及中外合资企业11家，占16.9%。样本企业分别从事运输、仓储、快递和货代等一种或多种业态。样本企业提供了2008年、2009年和2010年的平均收入、成本费用、外购项目、营业税及实现利润等相关数据。按照同口径的对比计算，如果改为增值税，税率应该在5%左右，略低于原来营业税的负担。

从原则上来说，就是拿增值税覆盖营业税，置换和替代原来的营业税。增值税是竟相抵扣，无论怎样把原来整个流程细分到各个主体中，都是前项的税款可以在后项结算缴税的时候抵扣掉，不会出现重复缴税问题。

从鼓励物流业发展政策角度看，所得税的优惠政策要比流转税更为明显。马来西亚规定，新成立的综合物流公司，可以享受为期5年的法定所得70%免纳所得税优惠。泰国把物流业作为优先鼓励发展行业，规定物流企业可以享受免征公司所得税8年的优惠。法国政府明确规定，允许物流中心采用“成本加计法”确定应税所得，成本利润率为5%～10%。那么，在我国，如何来加大对物流行业税收政策方面的扶持呢？

中国正处于经济加速发展的时期，国家应放宽政策，减少附加在商品上的税收成本，促进物流业发展，为物流行业提供一个更合理的政策环境。尤其是对于联运的税收政策，可以借鉴美国保税物流的经验。美国的奥克兰市政府给予港口免税政策，港口把每年几百万美元的收入用于设施建设，使奥克兰港成为太平洋沿岸最大的集装箱港。美国拉斯维加斯市允许仓储企业免缴仓储税、纯利润所得税，加上便宜的地价，降低了流通成本，吸引了全美许多仓储运输公司来此设立中转仓库和中转站，使得该市成为美国西南部重要的物资集散地。因此，解决我国物流业的税负问题对于促进整个行业乃至区域经济的发展意义重大。

（资料来源：中央电视台财经频道《经济半小时》“物流顽症”系列报道）

第四章　应急仓库安全管理

阅读材料 4.1

安全管理　关键在人

在日本企业的安全管理理念中，员工的个人安全知识水平与企业的安全状态存在着非常紧密的联系：若员工的安全知识普及水平只有10%，企业面临安全问题的概率将超过85%。因此，安全管理理念应落实到每一个人，这有利于一个企业的全局发展。

的确，在安全管理工作中，人是最根本的单位，也是最根本的目的。我们不仅要将人作为安全管理的对象，而且要将安全管理的责任落实到每一个人身上，形成重视安全细节和自觉发现安全隐患的氛围。

事实上，这种理念不仅是当前国际企业普遍适用的安全理念，在中国几千年的传统文化中也能找到渊源。

我们常提到的与安全管理有关的古训有：①祸不入慎家之门。②岂知千仞坠，只为一毫差。③祸患可消于未萌。④泾溪石险人兢慎，终岁不闻倾覆人；却是平流无石处，时时闻说有沉沦。⑤前人失脚，后人把滑。⑥前车之辙，后车之鉴。⑦堵塞漏洞，防患于未然。⑧千里之堤，溃于蚁穴。⑨吃饭防噎，走路防跌。⑩宁走十步远，不走一步险。⑪赏罚不明，百事不成；赏罚若明，四方可行。⑫防为上，救为次，戒为下。⑬聪明人不能两次掉进同一个陷阱。⑭前事不忘，后事之师。这些都是搞好安全生产的座右铭，人人应当牢记。

作为一项秉承“没有事件便是最好的事件”为原则的工作，安全隐患不易察觉，却随时会爆发。检查出潜在的安全隐患，防患于未然才是关键。因此，重视每个人对于安全管理的重要性，以人为管理要素，让安全理念“润物细无声”，这样，安全管理才能真正切实有效。

（资料来源：黄波．安全管理　关键在人［EB/OL］．易安网，2011－10－21.）

第一节 应急仓库安全管理概述

安全管理是管理科学的一个重要分支，它是为实现安全目标而进行的有关决策、计划、组织和控制等方面的活动。仓库安全管理就是以仓库为一个系统，为实现仓库安全目标而进行的有关决策、计划、组织、控制等方面的活动。仓库安全管理的主要任务是运用现代安全管理原理、方法和手段，分析和研究各种不安全因素，从技术上、组织上和管理上采取有力措施，解决和消除仓库中各种不安全因素，防止事故的发生。

应急仓库的安全管理就是应用现代科学知识和工程技术去研究、分析、评价、控制以及消除应急物资储存过程中的各种危险，有效地防止灾害事故，避免损失。

一、应急仓库安全管理的重要性

安全管理是应急仓库管理的重要组成部分。在应急仓库物资管理过程中，由于所存储的应急物资可能具有易燃、易爆以及易腐蚀、有毒等不安全因素，危险性大，一旦发生事故，将可能造成人员伤亡和物资的大量损失。因此，应急仓库管理的基本任务是发现、分析和消除仓库物资管理过程中的各种危险，保护仓库中的人、财、物不遭受破坏和损失，并在一定条件下取得最佳的经济效益和社会效益。

由于应急仓库管理的对象是特定的货物，即应急物资，所以应急仓库的安全工作更为复杂和特殊。在对应急仓库进行安全管理的过程中，应该根据应急仓库的实际情况，分析现实的需要，总结并借鉴其他仓库安全管理的经验，有选择地吸收仓库安全管理的制度和方法，确立必须遵循的基本原则和适用的方法，运用现代科学技术提供的先进手段，为安全管理的决策提供科学的依据和组织实施的保障。

推行安全管理的科学化、现代化，是应急仓库安全管理的一项重要工作。传统的仓库安全管理基本是凭经验与感性认识去分析和处理仓库管理中的各类安全问题，它主要解决已经发生的或者即将发生的事故或隐患，对安全的评价只有“安全”或“不安全”的定性估计。应急仓库安全管理应当在总结安全管理历史经验的基础上，综合应用现代管理科学和技术科学的理论与方法，研究应急仓库管理活动的基本规律和一般方法，从实际出发，研究新情况，积累新经验，对不适应应急仓库安全管理需要的观念、体制和方法进行变革。

二、应急仓库安全管理的内容

（一）应急仓库治安保卫管理

1. 应急仓库治安保卫管理的概念

应急仓库治安保卫管理，是应急仓库为了防范和制止恶性侵权行为、意外事故对仓库及仓储物资的侵害和破坏，维护仓储环境的稳定，保证库内的应急物资不受损坏，保证仓储生产经营的顺利开展所进行的管理工作。

应急仓库治安保卫工作是应急仓库库场管理的重要组成部分。应急仓库的治安保卫管理不仅涉及财产安全和人的生命安全，同时也是库场履行仓储合同义务的重要组成部分，是降低和防止应急仓库管理风险的手段。治安保卫工作的良好开展，能确保企业的生产经营顺利进行，是库场实现经营效益的保证。.

2. 应急仓库治安保卫工作的内容

应急仓库的治安保卫工作主要包括防盗、防抢、防骗、防破坏、防火、防止财产侵害等仓库治安灾难事故，同时还涉及员工人身安全保护、商务保密等工作。治安保卫管理不仅有专职保安人员承担工作，如门卫管理、治安巡查、安全值班等，还有大量的工作由相应岗位的员工承担，如办公室防火防盗、财务防骗、商务保密、仓库防火、锁门关窗等工作。

具体而言，应急仓库的治安保卫工作及要求如下：

（1）守卫大门及要害部位。大门是应急仓库与外界的连接点，也是应急仓库承担物资保管责任的分界线。因此，大门的守卫是维护应急仓库治安的第一道防线。同时，对于贵重应急物资和特殊应急物资仓间等要害部位，需要安排专职人员看守。

（2）巡逻检查。保安人员需要对应急仓库进行不定时、不定线的巡逻，检查各部门的防卫工作，时刻保持警惕，如发现异常现象，要及时采取相应的措施处理或者通知相关部门。

（3）使用防盗设施和设备。应急仓库要根据有关规定和实际需要对防盗设施和设备进行配置与安装使用，并由专人负责操作和管理，以确保工作的正常进行。

（4）进行治安检查和应对紧急事件。应急仓库的治安负责人应该经常检查治安保卫工作，对相关的保卫人员进行监督，及时发现保卫工作的漏洞和隐患，并采取有效的措施。同时，仓库要制订应急方案，明确应急人员的职责，当发生紧急治安事件时，能有效地防止和减少事件所造成的损失。

(二) 应急仓库作业安全管理

1. 应急仓库作业安全管理的概念

应急仓库作业安全管理，是指在对应急物资进行装卸、搬运和保管的过程中，为了防止和消除事故隐患，保障人员安全，减轻繁重的体力劳动而采取的方法和技术。作业安全管理直接关系到货物的安全、作业人员的人身安全、作业设备和仓库设施的安全。这些安全事项都是仓库的责任范围，所造成的损失应全部由应急仓库承担，因而，应急仓库安全作业管理是经济效益管理的重要组成部分。

2. 应急仓库作业安全管理的内容

应急仓库作业安全管理的内容主要集中于对人力作业安全和机械作业安全这两方面的管理。一方面，要消除安全隐患，降低不安全的系统风险；另一方面，要提高作业人员的安全责任心和安全防范意识。

(1) 人力作业安全管理。

在应急仓库的作业过程中，人力作业方式受到作业人员的身体素质、精神状况、感知能力和应急能力等因素的影响，因此必须做好作业人员的安全教育工作。

①仅在合适的作业环境和负荷条件下进行作业。人力作业现场必须排除损害作业人员身心健康的因素，对于存在潜在危险的作业环境，作业前应告知作业人员，让其了解作业环境，尽量避免让其身处或接近危险因素和危险位置。人力作业仅限于轻负荷的作业，不能超负荷作业，并应尽可能采用机械作业代替人力作业。

②做好作业人员的安全防护工作。作业人员要根据作业环境和所接触商品的性质，穿戴相应的安全防护工具，携带相应的作业工具，按照规定的作业方法进行作业。

③作业现场必须设专人指挥和进行安全指导。安全人员要严格按照安全规范进行作业指挥，发现作业现场存在安全隐患时，应及时停止作业，消除隐患后方可恢复作业。

(2) 机械作业安全管理。

机械作业安全管理的内容主要是注意机械本身的状况及可能对商品造成的损害。具体要求如下：

①在机械设备负荷许可的范围内作业。机械设备不得超负荷作业；危险品作业时还须降低负荷；所使用的设备应无损坏，特别是设备的承重机件，更应避免损坏，不得使用运行状况不好的机械设备作业。

②使用合适的机械设备进行作业。尽可能采用专用设备作业，或者使用专用工具。使用通用设备，必须满足作业需要，并进行必要的防护，如货物绑扎、限位等。

③机械作业要有专人进行指挥。在机械进行作业时，应急仓库应采用规定的指挥信号，按作业规范进行指挥。

（三）应急仓库消防安全管理

1. 应急仓库消防安全管理的内容

应急仓库中储存着大量的物资，其中有许多易燃物品，而且大多数物资包装所用的材料也都是易燃品。从应急仓库不安全的因素及危害程度来看，火灾始终是应急仓库最大的威胁，因此，消防管理是应急仓库安全工作的重中之重。

应急仓库的消防安全管理工作包括仓库建设时的消防规划、消防管理组织、岗位消防责任、消防工作计划、消防设备配置和管理、消防检查和监督、消防日常管理、消防应急、消防演习等。

2. 应急仓库消防安全管理的工作要点

应急仓库的消防安全管理要树立“防患于未然”的意识，必须认真贯彻“预防为主，防消结合”的消防方针，以不存在火灾隐患为管理目标，在管理中要坚决执行相关的法律法规和管理规则。具体来说，在仓库消防安全管理过程中，要做好如下工作：

（1）要坚持“谁主管谁负责”的原则。

（2）要建立以岗位责任制为中心的防火责任制。

（3）建立健全各工种的安全操作制度和安全操作规程。

（4）要定期开展防火灭火的消防安全检查，消除各种火灾隐患，落实各项消防措施，及时处理各类事故。

（5）要配备适量的消防设备和火灾报警装置。

（6）库存物资和设备的消防操作要规范。

第二节　应急仓库安全管理方法

一、预先的安全分析与评价

预防事故是应急仓库安全管理的重要部分，主要是对仓库作业系统中固有的及潜在的危险进行综合分析、测定和评价，进而采取有效的方法、手段和行动，控制或消除这些危险，以防止事故发生，最大限度地避免仓库的损失。

预防事故的根本在于认识危险。平时应进行危险性预测，运用科学知识和手段，对仓库作业系统中存在的危险及可能发生的事故进行分析，进一步作出评价，以便查明系统的危险所在，并加以改进。危险性预测的基本内容包括系统中有哪些危险，可能会发生什么样的事故，事故是怎样发生的，发生的可能性有多大。

对于应急仓库中存储的危险物资，特别是那些有可能引起火灾、爆炸等灾害的物资，必须预先建立完善和可靠的安全防护系统。对各项安全设施与装置的选择以及配置数量，应通过安全评价确定。其评价方法是分析和预测系统可能发生的故障、事故及潜在危险，通过有组织的评价活动，确定危险度等级，并以此为依据，制定相应的、合理的安全措施。

二、总体的系统安全管理

仓库安全管理的内容涉及很多方面，包括安全设计、安全审核、安全评价、规章制度、安全检查、安全教育与训练以及事故管理等各项管理工作。其中，有仓库安全管理组织体制，主要是对仓库安全组织机构设置原则、形式、任务、目标等内容的优化；有仓库安全管理基础工作，如仓库安全管理法规建设、仓库安全培训教育的组织与实施、仓库安全设计及其评价、仓库安全检查方案的制订与实施等；有仓库作业生产安全管理，如仓库储存作业、收发作业的安全管理；有仓库设施设备的安全管理，如仓库库房、装卸搬运设备、电气设备、通风设备、消防设备等的安全管理及事故预防措施；还有仓库检修作业安全管理、仓库劳动保护、仓库人员安全管理、仓库安全评估和仓库事故管理等。

各个仓库安全管理内容和安全管理环节之间形成相互联系、相互制约的体系。因此，我们不能孤立地从个别环节或在某一局部范围内分析和研究仓库安全保障，必须从系统的总体出发，全面地观察、分析和解决问题，这样才能做好仓库的安全管理工作。

三、安全的数量分析

在对仓库安全因素的研究中，人们常常把安全从抽象的概念化为一个数量指标，从而为安全管理、事故预测和选择最优化方案提供了科学依据。安全工程所研究的问题，说到底是一个划界的问题，也就是划定安全与不安全、可行与不可行的界线。现代安全工程通过定量化处理来划定系统的危险度等级及其相应的安全措施。

对安全因素进行数量分析，就是运用数学方法和计算机技术研究事故及其影响因素之间的数量关系，揭示其间的数量变化及规律，从而对危险性等级及可能导致损失的严重程度进行客观的评定，为选择最优的安全措施方案和决策提供依据。

安全因素的数量分析包括以事故发生频率、事故严重率、安全系数、安全极限和预先给定数值作为尺度进行分析比较的相对方法，以及用事件发生的概率值作为安全量度的概率方法。例如，概率安全分析，即概率危险度评价，可以在应急仓库建设规划设计、建设以及运行的各个阶段应用，通过分析找出系统中的薄弱环节，对预防事故的措施作出评价，从而可以正确地了解和把握仓库的安全性因素，并编制安全规程和操作规程，加强安全管理，实现科学决策。

四、建立健全应急仓库的安全组织机构与管理制度

建立健全应急仓库的安全组织机构，是保证应急仓库运营安全的必要手段。应急仓库要按照仓储经营的基本流程与环节，建立安全组织机构。安全组织机构的任务主要有：确定组织机构的组成，明确成员的职责，加强对相关人员的安全教育与培训；做好安全宣传工作，包括安全宣传的标识制作、张贴、维护；做到制度上墙、责任到位；做好安全事故的紧急处理；做好日常安全记录；做好安检工作的评价，找出问题，及时改进；学习安全管理的先进技术，及时掌握相关的安全信息技术与知识，相互促进，共同提高。

应急仓库的安全管理制度就是应急仓库根据自身的经营情况，结合相关的安全政策及法规制定的确保应急仓库生产经营安全的规章制度。安全管理制度主要包括这几个方面的内容：人员安全教育管理与培训制度；机械设备安全使用规章制度；仓储物流过程中的货品检验、检疫，进、销、存等流程环节中的安全操作规范；信息安全管理制度；消防安全管理制度。

安全管理制度得到健全以后就需要严格执行。安全检查制度是落实安全、查找隐患、督促相关人员做好安全工作的制度，它主要通过日常检查、定期检查、临时抽查等方式来检验相关安全人员对安全制度的执行情况。对应急仓库而言，严格执行安全检查制度要做到五“勤”：勤检查、勤督促、勤学习、勤记录和勤总结经验。

五、利用信息系统，实现安全管理

计算机技术、网络技术和多媒体技术的成熟与发展，为仓储管理的自动化提供了强有力的技术支持。尽管如此，就目前的仓库信息系统而言，其功能还比较单一。如防盗系统只管防盗，仓储管理系统只负责仓库物品的数据处理，控制系统只能完成简单的环境控制功能（如开/关灯等）。如果可以将这些功能彼此独

立的系统进行有机结合，组成一个既能完成管理，又能实现实时监控的一体化自动管理系统，那将会为应急仓库的管理带来深远和重大的变革。在应急仓库中，可以设计一套安全管理综合信息系统，充分利用先进的计算机技术和控制手段，把门禁系统、环境监控系统、财务管理系统、合同管理系统、报警控制系统和数据处理系统结合在一起。这样，可通过音频、视频以及红外线、雷达、震动等传感器来监控所有的开门、取物、检修等操作，并对防区内的警报信号立即处理或自动上报。同时，该信息系统还是应急仓库的数据中心，能实现仓储信息处理以及自动报时、鸣号、熄灯、开关高压电网等功能。另外，该系统还与财务管理系统、合同管理系统集成在一起，构成一个安全、主动和综合的应急仓库管理系统。

第三节　应急仓库安全管理制度

为使仓库的安全管理规范化，保证财产和应急物资的完好无损，应急仓库必须贯彻“预防为主，防消结合”的方针，根据相关的法律法规和企业自身的具体情况，制定安全管理制度，加强仓库的安全管理，保障财产免受损失，保证生产的顺利进行。一般而言，应急仓库的安全管理制度主要包括以下四个方面的内容:

一、机械设备安全使用与检查制度

(1) 应急仓库要对机械设备（如装卸搬运设备和保管设备等）进行日常的检查和安全性评价检查，并做好记录，对仓库的安全性进行预测和度量。

(2) 应急仓库应根据不同机械、设备的结构、性能、工艺流程等，分别制定具体的安全操作规程。在操作规程中，应明确规定操作前的准备工作。

(3) 每一次仓库作业结束后，应随时做好善后的有关事项，还应规定多台机械组合操作的程序、违章操作和造成损失的责任等。

(4) 应急仓库配备的机电设备，必须由经过训练的机电人员安装、检修，非操作人员不得随意动用机电设备。

(5) 凡新购置或新安装的机械设备，都要按照机械结构、性能或说明书主要项目内容，及时进行调试，调试合格才能使用；凡修复后的机械设备，也要调试正常后才能在生产过程中进行使用。任何机械设备都不得带“病”运转。

(6) 移动型机械，如起重机、叉车等，必须放置平稳；如非必要，机身上不准坐人或走人。

(7) 有升降结构的机械移动时，必须将机身降到最低高度，并注意防止机身与空中高压电线接触，以免造成触电事故。

(8) 专用机动车辆，非操作人员不得驾驶；没有安全措施的专用机动车辆不得载人。

(9) 架空的传送设备以及固定的机械设备都要安装合理，平稳坚固，防止设备松动造成事故。

(10) 应急仓库在进行作业时，负责人要讲清机械性能和操作中的注意事项并指导示范。工作人员真正懂得机械性能、操作方法，以及排除故障的紧急措施等之后，才允许使用机械。工作人员应严格按操作规程作业，防止发生事故。

二、物资出库/入库的安全操作规范

(1) 进出库区的所有机动车辆，必须安装防火罩。

(2) 进入库房的电瓶车、铲车必须是防爆型的。

(3) 各种机动车辆装卸物品后，不准在库区、库房和货场内停放与修理。

(4) 装卸作业结束后，应对库区和库房进行检查，确认安全后方可离开。

(5) 因装卸作业需搭建临时建筑的，须经过仓库负责人的批准，装卸作业结束后应立即清除。

(6) 在装卸危险应急物资时，工作人员不得穿着易产生静电的工作服，不得使用易产生火花的工具，严防震动、撞击、重压、摩擦和倒置。对于易产生静电的装卸设备要采取消除静电的措施。

(7) 对于要入库的应急物资，保管人员要认真验收物资的数量、名称是否与收据相符，对于实物与收据内容不符的，在办理入库手续的过程中要如实反映。

(8) 在物品入库前，工作人员必须认真检查，确定无火种等隐患后方准入库。

(9) 对于物资验收过程中所发现的有关数量、质量、规格、品种等不相符现象，保管人员有权拒绝办理入库手续，并视具体情况报告业务部门和主管人员处理。

(10) 对于一切手续不全的提货、领料事项，保管人员有权拒绝发货，并视具体情况报告主管人员。

(11) 物料出仓必须严格办理出仓手续，按先办出仓手续后发货的程序发货。严禁白条发货，严禁先出货后补手续。

三、消防安全管理制度

（一）用火管理制度

（1）应急仓库要组织制定电源、火源、易燃易爆物品的安全管理和值班巡逻等制度，落实逐级防火责任制和岗位防火责任制。

（2）应急仓库要确定一名主要领导人为防火负责人，全面负责仓库的消防安全管理工作。

（3）防火负责人要组织员工学习贯彻消防法规，完成上级部署的消防工作。

（4）应急仓库应当设置醒目的防火标志，特别是进出危险物资库区的工作人员，必须登记并保证没有携带火种。

（5）在应急仓库内严禁使用明火，库房外动用明火作业时，需要经过仓库防火负责人的审批和允许，并采取严格的安全措施。必要时须办理动火证，注明动火时间、地点、动火人、现场监护人和批准人等。

（6）易燃易爆物品应该在专门的仓库内放置，并与其他库区隔离。与一般物品或化学性质、防护灭火方法相抵触的化学危险品，不得同一仓库或同室存放。

（7）对于库场内的火源应有相应的防火安全设施，这些措施须经消防安全部门检查批准。

（8）仓库应当配置相应的消防设施和灭火器材。消防设施必须设置在显眼和便于取用的地方，附近不得堆放物品和杂物，并确保任何时候都完好有效。

（9）仓库内堆放物品与墙之间要有适当距离，仓库要保持干爽、内外清洁，物资要堆放整齐，仓库外要保证没有火种、易燃物品接近。

（10）应急仓库库区的消防车道和仓库的安全出口、疏散楼梯等消防通道严禁堆放物品。

（11）一旦发生火灾，要及时报告上级管理部门，同时组织人员扑救和报警，事后协助查明原因，提出处理意见。

（二）用电管理制度

（1）要严格遵守安全用电的有关规定。

（2）仓库电源要装分闸，电源开关要装在仓库外。

（3）电线要穿管、敷设。

（4）下班要切断电源。

（5）对电器设备要经常通知电工进行检查和维修保养。

（6）不准架设临时线路。

（7）不准使用不合规定的保险装置。

（8）不准在化学危险品仓库内安装普通电气系统。

（9）对于电器，操作人员要严格按照电器安全操作规程进行操作。电线、熔丝、开关闸盒等要定期检查，发现问题一定要及时处理，严禁违章操作。机械移动时或停止作业后，一定要切断电源。

（三）消防器材管理制度

（1）应急仓库应当按照国家或地区的相关消防规范和技术，配备必要的消防器材。

（2）消防器材应当设置在明显和便于使用的地方，为了使用的方便，周围一般不能堆放物品或杂物。

（3）应急仓库的消防器材要由专人管理，并由专人负责检查、维修、保养、更换和添置，保证完好有效。

（4）消防器材要存放在阴凉和干燥处，随时保持器材的清洁和卫生。

（5）对于灭火器、消火栓等消防器材，要经常进行检查，保持完整可用。

（6）消防器材严禁乱摸乱拿，严禁挪作他用。

（7）要定期对仓库的全体人员进行消防器材的性能及使用方法的培训，保证员工在紧急关头能正确地使用各种消防器材。

四、安全检查制度

（1）应急仓库的安全负责人要经常对仓库进行检查，主要做好监督各部门执行消防法规的情况和隐患整改的情况，及时纠正和制止现场的违规行为等工作，并做好巡检情况记录。

（2）应急仓库必须每月进行一次由单位安全保卫部、设施保全部等各部门领导参加的全单位消防安全检查，做好检查情况汇总分析，对查出的隐患下发隐患整改通知书，落实责任，逐一整改，归档备查。

（3）安全检查实行定期检查与不定期检查相结合的制度，班组每日检查，部门每周检查，仓库每月检查，及时发现治安保卫漏洞和安全隐患，并采取有效措施及时消除。应急仓库安全检查内容包括：①火灾隐患的整改情况以及防范措施的落实情况；②安全疏散通道、疏散指示标志、应急照明和安全出口情况；③消防车通道、消防水源情况；④灭火器材配置及有效情况；⑤用火、用电违章情况；⑥重点工种人员以及其他员工消防知识的掌握情况；⑦消防安全重点部位的管理情况；⑧易燃易爆危险物品和场所防火防爆措施的落实情况以及其他重要物资的防火安全情况；⑨消防值班情况和设施运行、记录情况；⑩防火巡查情况；⑪消防安全标识的设置情况和完好有效情况。

(4) 认真做好每日巡查，对于重点部位应多次检查，并做好检查记录和上报工作，由当班护卫队组织实施。

(5) 单位重点岗位的人员要认清自己的职责，对设备严格按照操作规程进行每日巡查工作，确保各种设施设备正常运行，并认真做好运行、巡查情况的记录和上报工作。

(6) 防火检查应当填写检查记录，检查人员和被检查负责人应当在检查记录上签名。

(7) 对检查发现的问题应及时记录并上报，并按隐患整改制度落实整改。

阅读材料4.2

××仓库火灾应急预案

本仓库存储的物品主要是快干防腐漆和无机硅酸锌底漆。仓库是砖瓦及玻璃钢瓦顶棚结构，存储物资挥发的溶剂蒸气能与空气形成爆炸性混合物，遇热源、火源有着火、爆炸的危险，发生事故后燃烧产生的气体及废物对环境会造成一定的污染。为确保库房发生着火、爆炸以后受伤人员能得到及时救治，以及防止和控制事故的蔓延，减少环境污染，使事故损失降到最低，特制定本应急预案。

一、应急准备

(一) 应急救援组织机构、组成人员和职责划分

1. 组织机构

总指挥：事业部部长

副总指挥：事业部设备主管副部长

成员：事业部安全主管、事业部环保主管、当班调度、仓库保管员、相关岗位人员

2. 相关人员职责

(1) 总指挥职责：

①事故发生后，事业部总指挥立即赶赴事故现场组织现场急救。

②紧急情况下，有权调动事业部的各种设施设备进行现场抢险。

③负责向公司总调度室、安环处报告。

④处理事故时，保证人员的人身安全，同时密切关注事故的发展，最大限度地保护环境，减少污染。

⑤事故结束后，组织对事故原因进行调查和分析，尽快恢复现场，保护环

境，将废弃物尽快回收并放置到指定地点。

（2）副总指挥职责：

①负责指挥事故现场的具体急救工作。

②负责指挥处理事故过程中产生的环境污染。

③迅速安排恢复或更换已损坏的装置，组织对事故原因进行调查和分析。

（3）安全主管职责：

①负责事故现场的安全保卫工作。

②维护现场秩序，保护现场，组织好人员疏散和急救，指定专人在路口接有关车辆进入事故现场。

（4）环保主管职责：

①负责防止和控制事故的蔓延。

②负责事故现场的环境保护工作。

（5）工序主管工程师职责：负责处理事故过程中产生的环境污染。

（6）调度长职责：负责对外、对内的联络、协调工作。

（7）当班班长职责：负责事故现场的应急处理工作。

（8）岗位人员职责：

①负责通知班长、调度长，报告事故的情况。

②负责事故现场应急设施的操作。

（二）应急物资准备

应配备氧气呼吸器、灭火器、消火栓、消防带等应急物资。

（三）应急人员培训

应急人员培训的内容包括：

1. 报警知识

事故初期，在场人员如能采取正确方法，就能迅速控制事故的蔓延。首先要靠在场群众自救，或者完全要靠群众自救，力争将事故控制在初期。事故发生后，在场人员在立即进行扑救的同时，要及时报警，以便应急管理人员前来参加扑救。报警包括：向周围报警、向单位领导报警、向医疗机构报警。报警内容包括：事故发生地点、道路交通路线、事故初期部位。

事故联系电话：

火警：××××

公司总调度室：××××

医疗急救电话：××××

事业部调度室：××××

2. 应急设施使用

(1) 应急设施使用：物质燃烧必须具备三个必要条件：可燃物、氧化剂、着火源。相应的灭火方法有四种：隔离法、窒息法、冷却法、抑制法。不管使用哪种方法，都是为了破坏已经产生的燃烧条件，使连锁反应终止。仓库的灭火剂有水、干粉灭火器等。

(2) 水的灭火作用：①冷却作用；②对氧的稀释作用；③对水溶性可燃液体的稀释作用；④水力冲击作用。

(3) 干粉灭火器灭火：

①灭火机理：干粉灭火器灭火时主要产生抑制作用。燃烧反应是一种连锁反应。燃烧在高温作用下，吸收了活化能而被活化，产生了大量的活性基团，当大量干粉以雾状形式喷向火焰时，可以大大吸收火焰中的活性基团，使其数量急剧减少，中断燃烧的连锁反应，从而使火焰熄灭。

②干粉灭火器的使用方法：使用内装式干粉灭火器灭火时，先拔下保险销，将喷枪对准火焰根部，握住提把，然后用力按下压把，开启阀门，气体充入筒内，干粉即从喷嘴喷出灭火。

③干粉灭火器的维护保养：干粉灭火器应放置在靠近被保护的物品且干燥通风、取用方便的地方。要注意防止受潮和日晒，灭火器各连接处不得松动，喷嘴塞盖不能脱落，保证密封性能。灭火器应按制造厂要求和检查周期进行定期检查，如发现灭火剂结块或储气瓶气量不足，应及时更换灭火器。灭火器一经使用必须进行更换。灭火器必须标明维修日期和维修厂家。

(4) 应急设施：氧气呼吸器、灭火器、消火栓、消防带。

3. 应急和逃生

应熟悉周围环境，了解安全出口的路径，这有利于在紧急时逃生。

4. 现场急救常识

应急工作的基本原则：应急工作应在以预防为主的前提下，贯彻统一指挥、分级负责、区域为主、现场急救与公司救援相结合的原则。

(1) 烧伤急救。

①着火事故发生后，必须沉着冷静。多人烧伤，应区别轻重缓急，有条不紊地进行急救。

②迅速脱离火源，将伤员搬离现场，尽快脱去着火衣服，如来不及脱衣，应就地慢慢滚动或用水浇灭。严禁奔跑呼叫或用双手扑打火烟，以免造成呼吸道和双手烧伤。

③如伤员口渴，可饮盐开水、盐豆浆等，不可喝生水或过多喝开水。

④经初救后，速送附近医院。

(2) 触电急救。

①应迅速切断电源。

②如条件不允许，可用带绝缘手柄的物体把电线切断。

③如果导线搭在触电者身上，可用绝缘物把导线挑开。

④如触电者神志清醒，应将其抬到空气新鲜、通风良好的地方，舒适地躺下，并严密观察其呼吸和心脏的跳动。

⑤如验证触电者呼吸停止，应及时做人工呼吸。

5. 其他相关知识

(1) 岗位人员必须熟知本岗位《工艺操作标准》《安全作业指导书》详细内容并严格执行。

(2) 仓库内严禁烟火，严禁闲杂人员出入逗留。

(3) 严禁携带危险品进入仓库区域内。

二、应急响应

(一) 报告程序

(1) 事故发生后，现场目击人员要立即向本单位报告，如发生火灾，立即拨打火警电话，如有人员伤亡，立即拨打医疗急救电话，同时向事业部报告。

(2) 任何基层（班、段）领导接到事故报告后，应立即向上级领导报告，不得延误。

(3) 总指挥或事业部其他领导接到事故报告后，要立即组织人员赶赴现场，组织急救。

(二) 人员疏散、现场警戒、现场受伤人员急救

(1) 抢救人员到达后，即成立以事业部部长为组长，事业部设备主管副部长为副组长的抢救小组，其他人员各司其职，协助抢救，警戒区域，疏散人群。

(2) 如果情况危急，由当班班长迅速组织逃生，设置警戒岗哨，杜绝闲杂人员进入，并派专人等待引导消防车辆。同时迅速疏通安全通道，以保证救援车辆迅速到达事故现场。

(3) 消防人员到达后应迅速进行灭火，抢救小组则做好安全撤退指挥工作。

(三) 紧急情况的控制

(1) 仓库发生火灾，首先应切断电源，使得着火仓库可靠停电。

(2) 迅速使用仓库已备好的灭火器和消防用水灭火。

(3) 在扑救仓库火灾时，要保证人身安全，防止其他人触电，防止爆炸等意外伤人。

(四) 现场恢复

在抢险过程中使用的灭火设施应及时恢复原始状态，用空的灭火器应及时更

换。若发生火灾，损坏的设备应及时更换，破坏的设备应严格按照废弃物管理制度执行。及时清理现场，使其恢复原样。

三、应急演习

演习时间：每年6月进行。

演习方式：桌面演习或现场模拟演习。

（1）桌面演习：以会议方式在室内进行，有部门领导、仓库保管员、安全主管、环保主管参与。由安全主管对演习情景、预案进行口头演习，口头演习结束后，由参加人员讨论应急预案的适宜性和可能存在的问题以及如何改进。

（2）现场模拟演习：针对库房着火，岗位人员进行报警、人员急救、紧急处理及现场恢复等演习。

①演习方案编制：每次演习要编制演习方案，内容包括时间、地点、参加人员、预定演习过程、预期目的等。

②演习参加人员：演习人员、观摩人员和评价人员。

③演习评审：演习结束后，对演习组织情况和预案的合理性进行评价，对发现的问题制定纠正措施予以完善。

四、事故发生后，及时对预案进行评审，对不合理处进行修订，使其更具操作性

五、相关记录

1. 演习方案

2. 演习记录

《××仓库火灾应急预案演练记录》

（资料来源：http：//www. powersafety. com. cn/default/Article/yjjy/yjyasl/200605/ 7359. html. ）

第五章　应急仓库的预案管理

阅读材料 5.1

公路、铁路、景区、港航、汽车站备好各类抗雪工具

杭州市春运办在市区铁路、公路主要车站附近确定了 31 个滞留旅客应急安置点，并已落实上城、江干、拱墅、西湖、萧山五区政府，分别提供Ⅰ级（特别重大）、Ⅱ级（重大）、Ⅲ级（较大）和Ⅳ级（一般）旅客滞留事件所需物资，建立了分级启用名单，制定了应急安置管理办法和运行程序，确保在紧急情况下广大旅客能得到有序安置。

杭州长运集团、杭州新晨、杭州中宇客运公司等单位已提前落实 50 辆应急机动运力，杭州石桥汽车运输有限公司等 20 余家货运企业落实应急运力 160 辆，确保旅客疏运以及物资运输。

根据市春运办要求，各种除雪防冻应急物资、装备的储备已经基本到位，公路部门已准备 47 000 个草包、941 吨工业盐、20 630 立方米防滑料、1 060 吨沥青冷补料、11 辆除雪撒盐车、136 辆运输车辆以及装载机、挖掘机、吊车、推雪板、铁锹、雨具、照明设备等应急装备，并建立了应急物资购买联系机制；港航部门落实了 48 艘海事应急船艇、6 艘救捞救助船舶；民航部门除正常应急物资储备外，新增了吹雪车 1 辆、大型推雪板 10 块、人工推雪板 400 块等。

四大汽车站已提前准备了充足的融雪剂、草垫、铁铲、扫帚、彩条布等防雪抗冻物资。为加强防雪防滑抗冻，保证运输秩序正常，杭州站高度重视，提早准备，做好了防雪应急各项准备工作。

杭州站充分做好了扫雪各项物资的准备工作，配备了草席、喷灯、喷枪、煤气瓶、工业盐等十多种扫雪工具、备品、材料及各种安全防护设施。

西湖景区已经全面做好了防雪抗冻准备工作。目前，已全面加强了铁锹、草包、麻袋、手套、警示牌、扫把、竹竿等防雪抗冻常规物资的储备，市政环卫已落实了推雪车（板）、铲车、冲洗车等机具设备，并完成了检修维护，将根据景区实际情况落实七条线路，做好道路清雪除冰应急作业方案，全面确保景区道路畅通。其中，杨公堤六座桥由于桥面比较陡，往年经常出现一遇冰冻天气车辆就无法上坡的问题，2012 年还专门购置了一批地毯，在冰冻发生前进行铺设，保障车辆能够通行。

（资料来源：钱伟峰等．公路、铁路、景区、港航、汽车站备好各类抗雪工具［N］．杭州日报，2012－01－22.）

我国是一个自然灾害频发的国家，由于各种自然灾害与事故具有突发性和不确定性，我国现有的应急管理系统还不能对各种类型的突发事件都作出反应。近年来，我国频繁发生地震、洪水等灾害，导致人民生命与财产遭受重大损失。2003 年的“非典”暴发、2008 年的“5·12”汶川大地震、2010 年的玉树地震，都给全国人民带来了惨痛的经历。这些突发事件都具有很强的不确定性，并且给国家、社会和人民带来巨大的损失和打击。尽管中国政府已颁布了相应的灾害预案，但由于自然灾害等非常规突发事件的不可预见性、罕见性以及后果的严重性，使得其对应急资源的需求具有突发性、紧迫性、多样性等特点。灾害发生后，短时间内需要大量的物资，从救灾专用设备、医疗设备、通信设备到生活用品，所要支出的物流成本是巨大的，这就对应急物资的储备提出了更高的要求。应急物资储备水平直接关系到是否能够有效对各种突发事件进行控制，避免灾难扩大，使损失最小化。研究应急物资的特点与管理流程对我国应急物资管理具有重要的意义。在灾害的应对中，所需资源的配置与布局、配送与调度的有效性，在很大程度上影响着非常规突发事件的应急处置的效率和效果，因此，应急资源是制约非常规突发事件应对有效性的重要因素之一。

因为突发事件没有预见性，所以没有必要为应急物流建立庞大的机构和储备大量的物资。而突发事件的特点决定了应急仓库必须着眼于平时的准备，这样一来，设置应急仓库预案就是可选的途径。尽管突发事件的发生具有不确定性，但是人们总结以往的经验，可以在一定程度上分析出突发事件的诱因或前兆，因此可以在突发事件还没有爆发的情况下，通过对以往类似或相似事件的总结分析，制定出相应的应对措施，形成应对方案，这样就能在应对突发事件的过程中有备无患，未雨绸缪。当然，前提条件是预案的设置和建立务必依照系统、科学、规范、效率的原则。

正确的应急仓库预案可使整个仓库应急保障机制正规化和有序化，避免应急仓库整体秩序紊乱，以及应急仓库保障社会成本高、效率低、遗留问题多等弊端。从经济学的观点看，正确的应急仓库预案可以降低应急仓库保障机制出现典型“帕累托无效率”状态的几率，进行资源的合理配置，向实现“帕累托最优”（同样效果成本要低）的方向努力。

第一节 预案管理的概述

一、预案和预案管理的概念

预案，有时也称应急预案，是针对可能的重大事故（件）或灾害，为保证迅速、有序、有效地开展应急与救援行动、降低事故损失而预先制订的有关计划或者方案。它是在辨识和评估潜在重大危险、事故类型、发生的可能性及发生过程、事故后果及影响严重程度的基础上，对应急机构职责、人员、技术、装备、设施、救援行动及其指挥与协调等方面预先作出的具体安排。应急预案明确了在突发事件之前、发生过程中以及刚刚结束之后，谁负责做什么，何时做，怎么做，以及相应的策略和资源准备等。

预案管理是指通过对信息的分析，预测事物的发展趋势，识别可能带来的威胁，并对这些情况制订相应的预备性处置方案，一旦预测的情况发生，就可以按照预案行动，同时根据具体的事态及时调整行动方案，以控制事态的发展，将可能产生的损失降至最低，维护整体利益和长远利益。每一个事先拟订的行动方案就是一个预案。具体地讲，预案管理的主要内容有预案的编制、预案的演练、预案的选择、预案的评估、实施过程中预案的动态调整、预案的修订等。

二、预案管理的目的和意义

由于在未来较长一段时间内，人类还无法完全抵御和消除重大自然灾害以及其他一些突发事件的潜在威胁和现实破坏，只能在力所能及的范围内立足于防灾、减灾工作，而应急物资在减灾及灾后恢复中发挥着极其重要的作用，因此，应急仓库的预案在应急管理中具有十分重要的作用。

应急仓库预案面对的是突发事件，这类事件有发生的可能，但不知何时会发生，而一旦发生会造成较严重的后果。进行仓库预案管理的目的是通过事前的准备，使应急管理走在突发事件的前面，以维护社会、国家的长远利益。预案管理的方法是发挥人的预见和分析能力，通过总结历史经验，发现突发事件自身的规律以及处置的内在机理，预测事情的发展趋势，模拟事件的各种可能变化，制订消除其不利影响的方案，在人、财、物等方面做好准备，建立完善、合理、系统的应急预案，为准确处理突发事件提供一个平台或依据，一旦事件向不利方向发展，可以根据此时此地的灾情状况、资源状况快速生成有效的处置方案，可以尽可能快速地进行反应，并提供相应的物资，减少突发事件的破坏和加快灾后恢复，减少对人民、社会和国家造成的破坏。针对各种紧急情况制定有效的应急预案，不仅可以指导应急行动按计划有序地进行，帮助应急行动快速、有序、高效地开展，还可以指导应急人员的日常培训和演习，保证各种应急资源处于良好的备战状态。

因此，应急仓库预案是根据潜在危险源和可能发生事件的类型，就应急过程中涉及的应急物资的种类、数量，仓库人员，物资筹集、配送及其指挥协调等方面事先作出具体的计划安排，形成环环相扣、配套衔接的应急仓库预案体系，做到事事、时时、处处分工明确、责任清晰、应对有法。综上可以看到，在应对灾害的过程中，应急仓库的预案具有以下意义：

（1）应急仓库预案为应急准备和应急管理提供了依据。应急仓库预案明确规定了应急救援的范围和体系，明确了各方的职责，制订了应急过程的具体计划，这使得应急仓库应对突发事件的工作不再无据可依、无章可循。尤其是作为应急仓库预案的培训师的相关人员都能够熟悉自己的职责并具备完成相应应急任务所需的技能。

（2）快速响应。突发事件往往是防不胜防的，一旦发生，就必须采取及时有效的应对措施，此时救援力量的及时出动非常重要，因为在某种意义上，面对灾难，抢时间就等于抢救生命和金钱。完善的应急仓库预案可以明确仓库不同岗位人员在应对紧急事件时的职责和分工任务，从而使得人员和行动都有据可依，分工明确，有利于协同作战，并且可在事件发生前就根据应急预案做大量的应急准备，使应急仓库可以迅速、高效、有序地开展应急救援工作。

（3）动态调整。突发事件本身复杂多变的特性，决定了其处置过程也应是动态变化的，但是在紧急状态下，动态决策不能依靠传统的“拍脑袋”方法，而是应该有科学、合理的决策支持体系，这就要依赖动态调整预案为其提供决策依据。由于成本等因素的考虑，应急仓库日常储备的物资的种类和数量都是有限的，不一定能够完全满足突发事件对各种物资的需求，遇到这种情况就需要紧急进行调整，而这种调整应该是在调整预案的基础上开展的，而不是盲目或混乱的。

（4）指挥。应急仓库预案可以指导抢险救灾的工作，明确在突发事件情况下应急救援的指挥程序，为应急救援的指挥工作提供依据。同时可以发现和完善应急仓库中的不足，从而提高仓库的应急能力。

当然，要使预案能够充分发挥其作用，还必须对应急预案进行广泛深入的培训和演练，并通过这种培训和演练进一步修改完善应急预案的内容，增强其有效性。

三、应急预案的发展

美国是使用应急预案较早的国家之一。在20世纪50年代之前，应急救援被看作是宗教团体和居民社区的一种道德责任，而不是政府的责任。1967年，美国开始统一使用“911”报警救助电话号码。20世纪60—70年代，美国地方政府、企业、社区等开始大量编制应急预案。尽管如此，大约20%的地方政府到1982年还没有正式的应急预案。1992年，美国发布《联邦应急预案》。“9·11”事件之后的2002年，将FEMA包括在内的美国国土安全部成立。2004年，美国发布了更为完备的《国家应急预案》。

我国自1949年以后经历了单项应急预案阶段，直到2001年才开始进入综合性应急预案的编制使用阶段。

在我国的煤矿、化工等高危行业，一般会有相应的“事故应急救援预案”和“灾害预防及处理计划”；公安、消防、急救等负责日常突发事件应急处置的部门，都已制定各类日常突发事件应急处置预案；20世纪80年代末，国家地震局针对重点危险区开展了地震应急预案的编制工作，1991年完成了《国内破坏性地震应急反应预案》编制，1996年，国务院颁布实施《国家破坏性地震应急预案》；大约在同一个时期，我国核电企业编制了《核电厂应急计划》，1996年，国防科工委牵头制定了《国家核应急预案》。

2001年，上海市编制了《上海市灾害事故紧急处置总体预案》；2003年9月，由于“非典”的影响，北京市发布了《北京防治传染性非典型肺炎应急预案》；2003年7月，国务院办公厅成立突发公共事件应急预案工作小组，开始全面布置政府应急预案编制工作。

我国于2006年1月8日颁布了《国家突发公共事件总体应急预案》，同时还编制了若干专项预案和部门预案，以及若干法律法规。截至2007年初，全国各地区、各部门、各基层单位共制定各类应急预案超过150万件。

随着2006年1月8日国务院制定的《国家突发公共事件总体应急预案》出台，我国应急预案框架体系初步形成。防灾减灾应急预案的制定，标志着社会、企业、社区、家庭安全文化的基本素质的提高。作为公众中的一员，我们每个人都应具备一定的安全文化素养及良好的心理素质和应急管理知识。

四、预案的类型

（一）按照应急对象的类型划分

突发事件是应急仓库预案的对象，不同类型的突发事件发生机理不同，所需的救援物资也是不同的（如表 5－1 所示），所以，针对不同类型的突发事件，要建立不同的应急仓库预案。我国国家级预案把突发事件分成四种不同类型，相应的应急仓库预案也依照这一分类标准分为以下四类：①面对自然灾害的应急仓库预案；②面对事故灾害的应急仓库预案；③面对公共卫生事件的应急仓库预案；④面对社会安全事件的应急仓库预案。

表 5－1　不同突发事件应急物资需求种类

<table>
<tr><th>突发事件类型</th><th>专业应急物资</th><th>后勤保障物资</th><th>救济生活物资</th><th>居民生活物资</th></tr>
<tr><td>自然灾害</td><td>生命搜救、救生设施；消毒、灭菌药物；破冰、铲雪等设施；工业盐、融雪剂等；沙子、麻袋等</td><td rowspan="4">车辆、石油等交通运输资源；水、食品等</td><td rowspan="4">衣服、被子、帐篷等防寒物资；食用水及方便面等食品</td><td rowspan="4">粮食、水、食盐、蔬菜、食用油、肉等日常食用品；电、液化气等</td></tr>
<tr><td>事故灾难</td><td>生命搜救、救生设施；专业消、解毒等药品；专业检测、监测等设备</td></tr>
<tr><td>公共卫生事件</td><td>防护设备；救护车；专业检测、监测等设备；专业消、解毒等药品</td></tr>
<tr><td>社会安全事件</td><td>防护类装备；安检类装备；排爆类装备；应急通信装备；武器装备；侦察类装备</td></tr>
</table>

（二）按照预案的编制与执行主体划分

预案可以分为国家、省、市和企业（包括社区）四类。

（1）国家预案是一种宏观管理，以场外应急指挥为主的综合性预案，包括出现涉及全国或性质特别严重的重大事故灾难的危机处置情况。

（2）省一级预案同国家预案大体相似。

（3）市一级预案应既有场外应急救援指挥，也有场内应急救援指挥，还有应急响应程序和标准化操作程序。所有应急救援活动的责任、功能、目标都应清晰、明确，每一个重要程序或活动必须通过现场实际演练与评审。

（4）企业级预案大多是一种现场预案，以场内应急指挥为主，它强调预案的可操作性。

（三）按照功能与目标划分

（1）综合预案：综合预案是总体、全面的预案，以场外指挥与集中指挥为主，侧重在应急救援活动中的组织协调。

（2）专项预案：专项预案主要针对某种特殊和具体的事故，如地震、重大工业事故，采取综合性与专业性的减灾、防灾、救灾和灾后恢复行动。

（3）现场预案：现场预案是以现场设施或活动为具体目标而制定和实施的应急预案，如针对某一重大工业危险源、特大工程项目的施工现场，或拟组织的一项大规模公众集聚活动制定现场预案，预案要具体、细致、严密。

（四）按照预案的性质划分

（1）指导性预案：如国家级和省级预案等。

（2）操作性预案：如现场预案和专项预案等。

（五）按照应急仓库储备物资用途进行划分

应急物资涉及的内容最为广泛，按用途可以分为13类（如表5－2所示），因此，根据应急仓库所储存的物资用途不同也可以对应急仓库的预案进行划分。

表5－2 应急物资按用途分类

应急物资种类	举　例
生命救助类	高空坠落设备、处理外伤设备、掩埋设备、水灾设备、生命救助通用设备等
临时食宿类	食宿设备，饮食设备，饮用水设备，食品、卫生设备等
生命支持类	生命支持通用设备，如输液设备、窒息设备、食物中毒设备、呼吸中毒设备、输氧设备、防疫设备、急救药品等
救援运载类	空投设备、防疫设备、水灾设备、救援运载通用设备等
防护用品类	消防设备、化学放射污染设备、卫生防疫设备、爆炸设备、海难设备、防护通用设备等
器材工具类	起重设备、消防设备、破碎紧固工具、观察设备、声光报警设备、器材通用工具等
工程设备类	水工设备、岩土设备、通风设备、机械设备、起重设备、牵引设备、消防设备等
照明设备类	工作照明设备、场地照明设备等

（续上表）

应急物资种类	举　例
污染清理类	垃圾清理设备、防疫设备、污染清理通用设备（如杀菌灯、吸油毯、凝油剂、消毒杀菌药水、隔油浮漂等）
动力燃烧类	发电设备、燃料用品、气源设备、配电设备、动力燃料通用品（如干电池、蓄电池等）
交通运输类	水上设备、桥梁设备、空中设备等
工程材料类	临时建筑构筑物材料、防水防雨抢修材料、防洪材料等
通信广播类	无线通信设备、广播设备等

五、当前应急仓库预案中存在的问题

随着政府和企业对应急工作的重视以及风险防范意识的提高，各级应急仓库都已经开始编写应急仓库预案，但是目前在应急仓库预案的编制中仍然存在较多的问题，主要集中在以下九个方面：

（1）应急仓库的预案不够完备。很多应急仓库的预案都是为了应对检查而开展的，因此有很多预案都只有一些相关的政府文件，只有少量预案描述了相关部门或人员的职责，而很多重要的应急仓库预案连中心内容都没有反映出来，这必然导致应急仓库在应急管理过程中无法充分发挥其物资保障的作用。

（2）应急仓库预案仅辨识了最为典型和具有普遍意义的灾害，但是没有充分考虑到次生灾害的内容和应对措施，从而使得在应对突发事件时，尤其是次生灾害时，应急救援所需要的特种设备、重点物资等无计划、无安排，因此无法起到应急仓库应有的作用。

（3）编制者对应急仓库预案较熟悉，而其他人员不够熟悉。在各个仓库，制定应急仓库预案往往是预案编制人员的事情，制定出来的预案往往只有编制人员熟悉，领导和其他人员熟悉程度有限，平时无人问津，只有在应付考核或检查时才把预案拿出来做全员熟悉。这种情况就导致应急仓库人员在实战中对部门及人员的职责、工作计划等理解不透、执行不到位，使应急管理的效果大打折扣。

（4）在编制应急仓库预案的过程中，编制者并没有充分明确和考虑突发事件的重大危险及后果，也没有对仓库的应急能力作出准确的评估，导致应急仓库预案的实际可操作性比较弱。例如，在 2008 年的低温雨雪冰冻灾害中，安徽合安高速庐江段结冰较严重，高速公路缺少大型施救设备，无奈只好求助于军队，出动装甲车执行道路除冰任务；江西九江大桥因雨雪天气被阻断后，两万余辆车绵延 30 公里被堵 3 天，整个江西省却只有一辆铲雪车；武汉市市区多处供水管道冻裂，造成大面积停水事故，事后检查得知，很多供水管道本身的抗冻能力就不够，一些供水设施采用的材料甚至存在以次充好等问题。

（5）应急预案陈旧，很多预案编制的前提条件，如环境、社会条件等都发生了变化，但是预案并没有作出相应的调整，导致应急预案在实战中失效。广州火车站应对旅客滞留的预案是1998年编制的，按滞留旅客15万~20万人编制。2008年春节前夕，广州火车站累计滞留旅客200多万人，预案严重失效。在广东省委、广州市委拿出新的方案后，有关部门才采取措施，但毕竟延误了时间，影响了效率。

（6）应急仓库还有一个“通病”，就是当仓库的物资或与仓库有合作的企业发生变化，即仓库的物资分布、数量或种类发生变化时，应急仓库的预案并没有进行及时的调整。另外就是应急仓库的人员、装备发生变动，导致职责分配和预案中的工作计划、应急措施发生变化时，也没有对应急仓库的预案进行及时的修订，造成在客观因素变化的过程中，应急仓库预案变得与实际情况越来越不符，从而逐渐“贬值”。

（7）应急预案在应急过程中启动不及时。2008年1月8日，湖南省气象台发布了1月中下旬湖南会出现大面积雨雪冰冻天气的预报。1月17日又发出了冰雪天气会加剧的预报。但郴州市像湖南其他地区一样，并没有因此启动应急预案。1月19日，电流融冰已不起作用。郴州市区最早在1月23日便有部分地方停电。1月25日，冻雨形成的覆冰导致电力设备倒塌，短时间内郴州地区全面断电。1月28日，温家宝总理赶赴湖南考察抗冰救灾工作，应急行动随后才全面开始。显然，郴州启动应急预案的动作太迟缓了。

（8）很多应急仓库预案更加关注的是自己内部的部门和人员的职责，而缺乏与相关单位的协调，但是很显然，应急管理是一个整体和协调的过程，需要这个过程涉及的所有机构进行协调，实现高效率的救援。即使在应急仓库内部，由于涉及的部门、岗位、人员比较多，也常忽略了跨岗位部门的协调与沟通，结果导致达不到预案的要求。另外，与应急过程中其他机构的协调不畅也会导致应急预案不能发挥较好的效果。如铁道部新闻发言人在1月30日晚宣布：“京广铁路线运输秩序基本恢复，京广铁路线运输能力已大幅提高，铁路机构正全力运送旅客返回家园合家团圆。”但是1月30日17点15分，通信公司向群众群发了这样的短信：“粤湘桂等地寒冷冰冻天气仍将持续，省劳动保障厅提醒广大外来务工人员：天气恶劣，道路冰封，请留在当地过年。”显然，铁道部关于疏通铁路运输的应急预案，与广州市疏导火车站滞留旅客的应急预案出现了冲突。许多人听到京广线恢复的消息，放弃了留在广东过年的打算，再次赶往火车站。由于运力并未恢复正常，致使2月1日滞留旅客猛增至50万人，给广州火车站疏导旅客带来了极大的压力。

(9) 缺乏演练。应急仓库预案编制完成之后，还需要对应急仓库的预案进行演练和评估，并且根据演练的情况对应急仓库预案进行适当的调整和修正，从而有效地发挥应急预案的作用。而在实际工作中，很多应急仓库预案在编制完成之后就放在了一边，缺乏演练。

阅读材料 5.2

徐州大庙镇依法建立应急救援物资储备库

2011 年以来，徐州经济技术开发区大庙镇党委、政府把应急管理工作列入重要议事日程，严格按照国务院《关于加强应急管理工作的意见》及省、市、区应急办关于加强应急机制建设的要求，坚定不移地抓好应急预案体系、应急队伍和应急平台建设，持之以恒地强化风险隐患排查整治和应急预案演练。并且，印发应急宣传画册、知识手册 8 000 余份，在全镇 18 个村同步启动了应急管理知识进村（居）活动，全面普及预防、避险、自救、互救、减灾等知识和技能。年初建立了各类、各行业应急救援物资储备库，与辖区内的各大粮食加工厂、各大超市、药店、编织袋厂等单位签订了应急物资储备协议，并在各协议单位悬挂应急救援物资储备库标识，做好应急物资基础保障工作。

（资料来源：汪家友等．徐州大庙镇依法建立应急救援物资储备库［N］．江苏法制报，2011－10－11.）

第二节　应急仓库预案的编制

一、应急仓库预案的编写准则

1. 科学性

应急仓库预案的指导思想、生成程序和方法、实施措施等都应是科学的，即应急仓库预案的制定应该符合突发事件发生、发展的机理，以保证应急仓库预案在实施过程中能真正发挥效果，所以科学性是预案的首要要求。当然，这依赖于人们对突发事件自身机理的深入研究，以及对处理突发事件的方法、规律的正确认识，同时还要考虑人类已有的减灾科技成果。

2. 可操作性

制定应急仓库预案是为了在预案付诸实践后能达到预期的目的或效果，所以，任何一个不可操作或操作性较弱的应急仓库预案，价值都非常小。预案必须具有适用性和实用性，否则就失去了应有的价值。

3. 动态性

突发事件往往都是复杂多变的，应该承认，任何详尽的预案都不可能涵盖各种可能的情景。一方面，在突发事件发生过程中，情景是动态变化的，甚至有些情况是不可预测的；另一方面，各种突发事件随时发生，而有些突发事件又可能是预案中没有提及的。因此，预案必须具有动态可调整性，必须对某些超常灾变留有余地。只有这样，当灾情变化时才能使得各级预案主体既能有案可依，又能随机应变，当机立断。

4. 系统性

完备的预案应该成为一个系统：突发事件灾情的分类、分级及资源状况的评估要成系统，同时生成预案的方法、原则、程度等也应形成严密的体系；这些系统之间并不是独立的，而是有机联系、相互制约的。具有系统性的预案不仅对突发事件应对过程具有重要意义，而且也为预案日后补充和完善建立了基础和平台。

5. 协调性

应急仓库在面对突发事件时不是独立发挥作用的，因此在编制应急仓库预案时必须考虑到与其他应急预案的兼容性，如上级应急预案、下级应急预案、相邻的应急预案等，并说明应急仓库预案与相关预案的关系和配合的方案。

6. 准确性

因为应急仓库预案在应急过程中起到重要的作用，如指挥、提供决策依据等，因此，首先应急仓库预案中所涉及的基本信息应该十分准确，尤其是通信方式和联系方式的准确性，这是接警与通知、指挥与控制、警报和紧急公告、通信等应急功能的主要任务。其次是职责描述必须准确，因为应急仓库预案中的职责描述会成为应急过程中主要的指导依据。此外，应急仓库预案适用的危险性质及种类也必须明确。

7. 可读性

应急仓库预案的编写必须具备可读性。主要表现在：一是易于查询，使用者能够较为简便地掌握相关内容，查询到所需的信息；二是语言简洁、规范，尽可能使用图表、地图等表述形式；三是层次及结构清晰，预案通俗易懂。

二、应急预案的结构

不同的预案由于各自所处的层次和使用范围不同，因而在内容的详略程度和侧重点上会有所不同，但都可以采用相似的基本结构。应急预案的基本结构如图 5 - 1 所示：

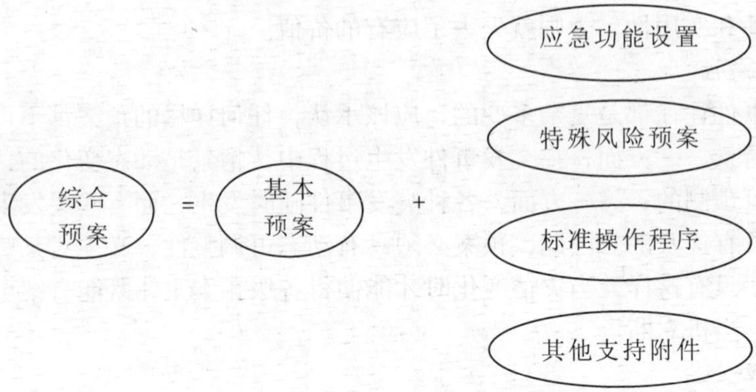

图 5-1 应急预案的基本结构

基本预案阐明应急整体框架结构及应急原则，主要内容包括最高行政领导承诺、基本方针政策、主要职责分工、任务与目标、基本应急程序等。

应急功能设置是明确从应急准备到应急恢复全过程的每一个应急活动中，各相关部门应承担的责任和目标。

特殊风险预案建立在公共安全风险评估的基础上，主要描述可能面临的各种风险状况及风险管理要求。按照自然灾害、安全事故、突发事件和突发公共卫生事件分类，提出其中若干类不可接受风险，根据风险的特点，针对每一特殊风险中的应急活动，分别划分相关部门的具体的职责，如气象预案就属于特殊风险预案。

标准操作程序是对“基本预案”的具体扩充，说明各项应急功能的实施细节，强调子应急活动过程中承担应急功能的组织、部门、人员的具体责任和行动。这部分针对的是每一个应急活动执行部门，在进行某几项或一项具体应急活动时所规定的操作标准，其中可以包括操作指令检查表和相关说明，一旦应急预案启动，相关人员可按照操作指令检查表逐项落实行动。

支持附件是各类与应急过程有关的技术资料、数据、信息等。

这五个部分相互联系、相互作用、相互补充，构成一个整体，构成应急仓库的综合预案，指导应急仓库的应急活动。

三、应急仓库预案文件的主要内容

（一）对于突发事件的预测、预警

任何应急仓库预案都是针对特定的突发事件，所以预案中首先应包括的内容就是突发事件的情况。突发事件本身具有不确定性，因此要根据历史经验、数据以及科学的预测技术，在预案中首先对突发事件及其后果进行预测、辨识、评估，包括危险源的位置、强度、性质，事故可能影响的范围，危害的程度，事件可能发生的环境（包括地理环境和社会环境），尤其是对救援物资的需求种类及数量等，并把分析结果作为启动或切换应急仓库预案的条件，对突发事件进行分类、分级，根据不同的级别作为采取相应措施的依据。在对灾害系统所处的孕灾环境和面临危害的危险状态进行评估与评定的基础上，按有关标准、规范、安全指标予以衡量，对危险程度进行分级，并结合现有的科学技术水平和经济条件，提出控制灾害系统危险性的安全措施，目的在于获取潜在灾害要素的破坏性大小信息，进行相应的风险评估，并采取相应的措施。也就是说，应急仓库预案中应该有类似“当天气预报有暴雨时，启动该预案”的条款，而这个就是启动预案的条件。并应进一步将暴雨分为四个等级，准确说明在什么情况下启动哪一级预案，在什么情况下进行预案的切换等。

（二）职责分配

应急仓库预案一个很重要的作用就是指挥和明确在应急管理过程中各部门及人员的职责，从而使应急过程能够迅速、高效、协调地开展。因此，预案中应该设立一个具有权威性的应急组织指挥协调机构，明确规定在不同条件下，各应急仓库管理相关部门、人员的职责，特别要明确任务的性质、可能的任务量、完成任务的时限及报告的方法。还要明确哪些部门负责应急救援行动的指挥和协调；哪些部门负责救援物资的筹集和配送；哪些部门负责与其他系统的协调与沟通；各部门负责人是谁，他的权利和义务有哪些；由哪些人员构成，他们之间的隶属关系和职责如何等。

（三）处置的基本方案

不同级别的预案，其详略程度是不一样的，较高级别的预案更多地是提出一些基本的指导原则，而较低级别的预案就更侧重于具体的操作。

应急仓库预案在很大程度上属于操作性预案，所以必须细化一部分内容，例如，应急仓库预案必须明确采取的措施和相应的策略；必须明确实施这些措施和策略的管理方案，即谁负责做什么，何时做，怎么做，以及资源的配送方案等；同时还要有面对主要问题的决策分析方法等，以保障预案在实施过程中，具有随事件及环境变化进行动态调整的科学性。

操作性预案必须细化的内容包括资源的布局和配置状况、所要采取的具体措施、实施措施的管理方案及动态调整方法、资源配送方案及方法、与其他应急系统的关系等。

（1）资源的布局和配置状况。资源的布局和配置是实施与调整预案的重要保障及先决条件，因此，在预案中必须明确相关资源存放点的分布状况，以及每个点存放资源的种类和数量。

（2）采取的具体措施，如救灾、救人、消防、医疗、防范、防治、警戒、宣传、社会稳定、应急项目等手段。

（3）实施措施的管理方案及动态调整方法。管理方案的内容包括：①工作计划，即主要说明采取什么方法组织实施各种措施，研究如何最佳地利用现有的资源，用最短的时间和尽可能少的资源达到最佳处置效果。具体包括工作细则、工作检查及相应措施，各项工作所需的时间、物质、技术资源等。②人员组织计划，即表明各项工作任务应该由谁来承担以及各项工作间的关系如何。其表达形式主要有框图式、职责分工说明式和混合式三种。③指挥主体及指挥主体的动态变更原则。动态调整方法有阶段效果评估和环境评估指标、评估方法、调整方案设计、方案优化方法等，使预案能够做到随机应变。

（4）资源配送方案及方法。采用优化模型来制订最短时间的资源配送方案。因为考虑到资源布局、道路和交通状况都可能发生变化，预案中还必须包括资源配送的优化模型，以保障原有的资源配送方案可以随情况的变化而变化。

（5）与其他应急系统的关系。例如，如何与其他应急系统进行联系和配合，由什么人或部门负责与其他系统之间的协调沟通等。

由这些措施组成的应急方案要尽可能地落实到可操作的层面，如果将每一个处置措施视为一个"工序"，可以使用项目管理中的网络技术来描述处置流程。这样，不仅可以明确各个措施之间的逻辑关系，还可以使用关键链管理的技术来进行管理，可以在时间、物资的使用上明确哪些工序是处置过程的瓶颈，以做到优先考虑。

（四）应急资源

应急资源是应急仓库预案中核心的内容，应急资源不仅包括在应对突发事件时的仓库物资储备，还包括在应急过程中所有涉及的人员、设备、经费保障和其他资源。在处置突发事件时，对资源的评估与调度要尽可能详细，根据不同级别的突发事件对资源的需求设定有保障的资源调度方案，如果处置机构自身的资源不能满足应急需求，则可能需要使用其他所有者的资源，这种情况下如何征用以及如何赔偿，在预案中要体现出来。

（五）教育、培训与演习

编写预案的最终目的是希望在面对突发事件的时候，应急仓库的部门和人员能够各司其职，协调一致，充分发挥应有的作用，快速、高效地将应急物资送达受灾地点，因此，应急预案必须明确说明如何对相关的人员进行教育、培训和演习，使应急仓库的各部门和人员都能够充分理解预案，并对自己的职责和工作有明确的认识。只有这样，应急仓库预案的编写才是有意义的。

（六）灾后恢复

灾后恢复是指突发事件消除之后的一系列恢复秩序、消除影响的工作。突发事件不仅在爆发之时会对社会造成负面影响，在其消灭后的一段时间内仍然会存在一定的负面影响，同时，在处置突发事件的过程中出现的资源征用等现象，同样需要善后处理。其主要内容应该包括灾后的恢复计划、资源补给计划、征用资源的赔偿计划等。

四、应急仓库预案文件的具体组织形式

由于应急仓库预案的类型、级别等各有不同，应急仓库预案的编制没有一个统一、标准的形式可以通用，但是应急仓库预案的编写涉及一般性和概括性的特征，因此有如下的一个基本形式：

（一）总则

这部分主要涉及应急仓库预案编写的目的、依据、适用的范围，对事件的分类、分级的规定，与其他相关的应急系统的协调，以及应急仓库在应急过程中工作的指导原则等内容。

（二）风险分析及预防预警

这部分涉及的一个内容是对应急仓库覆盖的区域的危险和风险因素的分析，并对可能发生的事件、破坏程度及对物资的需求进行预测，作为应急仓库预案编制的依据。

这部分涉及的另一个内容就是突发事件发生时的接警与通知，以及在应急过程中信息的流通及上报。

（三）组织机构及职责

这部分主要包括应急仓库部门的职责、救援指挥机构及成员的构成、指挥权

的替补顺序等突发事件发生后应急管理领导机构所涉及的内容。

（四）应急仓库的响应措施

为应对突发事件而采取的具体响应措施，如基本的响应程序、专项的应急处理方案、仓库物资的迅速清理和物资的筹集与配送等，是应急仓库预案中非常重要的部分，因为这是应急工作开展的主要依据，是应急救援中最重要的物资保障。

（五）监督管理

监督管理首先包括的内容是应急仓库预案的教育、培训、演习及预案的进一步完善，其次应该包括的内容是突发事件结束之后需要做的事情，如物资的补给、对应急表现的奖惩、对紧急筹集物资的补偿等。

（六）附件

为了保证应急仓库预案能够具体、可操作，并且能够在应急管理过程中尽可能地发挥作用，应急仓库的预案还应该包含必要的附件，如应急仓库的物资储备状况、外部企业的物资分布状况、国家对不同突发事件的分类与分级、通信与信息技术等。

五、应急仓库预案编制的方法

应急仓库预案在形式上具有与其他应急预案一致的共性特征，但由于应急物资保障活动横跨多个领域，物资的筹集和配送涉及众多部门，应急仓库预案所规范的具体内容有着鲜明的特性，编制要求也与其他应急预案有所不同。

（一）确定应急仓库预案的基本结构

根据以上所述的应急仓库预案应该包括的内容和涉及的要素，以及国务院在2004年发布的《国务院有关部门和单位制定和修订突发公共事件应急预案框架指南》，应急仓库预案的结构可以包括如下六个部分：

1. 总则

涉及预案编制的目的、依据、适用范围以及对事件的分类、分级规定等，当前的分级思路是将事件分为四级：I级为特别重大，II级为重大，III级为较大，IV级为一般。此外，有的还涉及一般的工作原则、应急预案体系的组成与功能等。

2. 组织体系

这一部分中，除出现突发事件后的应急管理领导机构外，还会对办事机构、工作机构、地方或下属机构进行规定。另外，由于应急管理往往会涉及很多专业性问题，成立专家组一般也是预案的一个重要要求。

3. 运行机制

尽管应急物资管理是在事件发生之后的一些具体的措施和做法，但是这部分一般还要对预案进行更全面的考虑，而善后处置、事故的调查与评估、恢复重建等内容也属于应急仓库预案中应该包括在这部分的内容。

4. 应急保障

资源是应急仓库管理中最重要的内容，所以需要将物资资源和人力资源、资金等都纳入这部分进行规定和安排。

5. 监督管理

这一部分把日常应该做的事情（如培训演练）和突发事件应急管理结束后需要做的事情（如厘清责任进行相应的奖惩）进行了规定。

6. 附件

如应急物资的分布图、仓库应急通道图等。

（二）设立专门的预案编制小组

应急仓库预案是应急物资保障活动涉及的众多部门和人员力量在应对突发事件时应共同严格遵从的行动准则，也是大量物资、器材、设备储运配送的组织实施计划，其编制、修订工作需要依靠大量的数据积累、充分的调研分析和广泛的沟通协调才能完成。因此，需要专门组织或相对固定人员从事应急仓库预案的编制、管理等工作，以保证应急仓库预案在内容体系上的完整性和延续性。

（三）深入做好分析工作

要做好相关法律法令、规章制度和管理规定，以及已有应急仓库预案的梳理分析工作，以保证制定的应急物流预案与之不相悖、无冲突。要从历史情况、环境条件入手，充分考虑人为因素、物理因素、管理因素、技术因素等，对不同灾害或突发事件发生的可能性进行风险评估和分析，以保证预案的针对性。要结合应急仓库物资保障相关部门的职能，针对应急仓库的任务特点和保障要求进行各相关部门、各任务环节的应急能力分析，以保证应急预案的可操作性。

（四）认真做好评审工作

应急仓库预案评审是对预案所涉及的职责分工、任务部署、实施办法和执行标准等进行全面衡量与综合评定的重要工作，也是应急仓库预案编制工作的末端环节。预案草拟完成后，预案编制单位应广泛征求相关部门和单位的意见，并根据所提意见、建议充实完善预案，适应应急仓库预案跨层级、跨部门的需要，适时组织召开评审会，邀请有关部门的业务人员和不同专业背景的技术专家严格审查预案内容，评估预案的成熟度和可行性，指出预案应进一步完善的主要内容和具体指标，提出明确的审查意见，从而保证所制定的应急仓库预案符合客观条件和实际需求，能够满足应对处置特殊情况、突发事件时仓库保障任务的预期目标。

六、应急仓库预案的编制

了解了应急仓库预案的内容、结构和编制原则，接下来就开始进入应急仓库预案编制的一般过程，这个过程通常包含九个步骤，如图5-2所示。

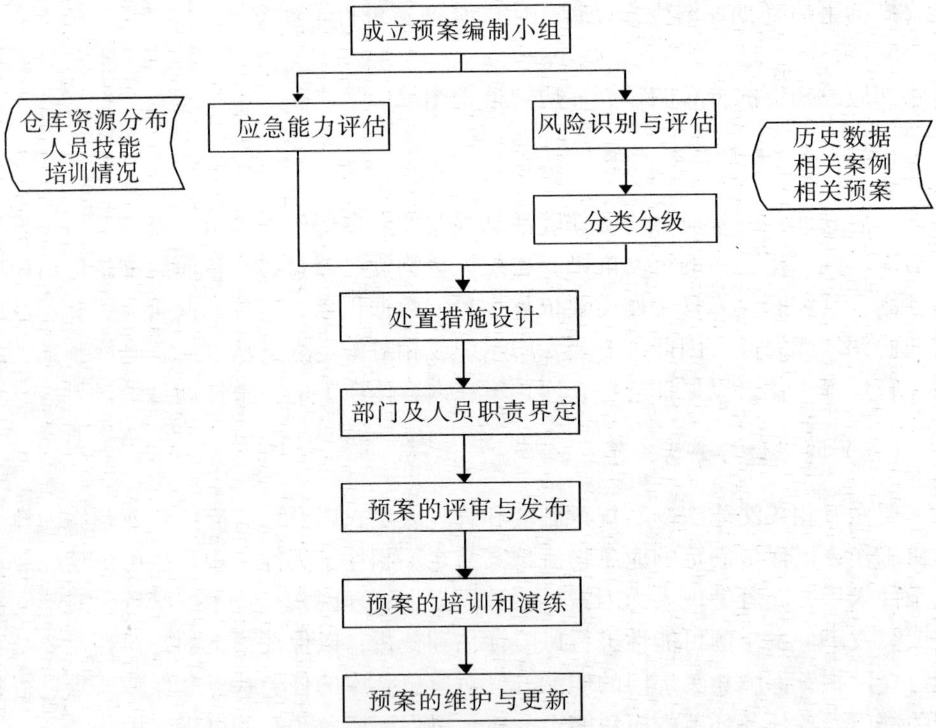

图5-2 应急仓库预案编制的步骤

（一）成立预案编制小组

在应急管理过程中，应急仓库的各方必须进行密切的配合和相互协调才能有效发挥应急救援的作用，但这是建立在互相信任与互相了解的基础上的。成立预案编制小组是将应急仓库各有关职能部门、各类技术人员有效结合起来的最佳方法。将应急仓库各职能部门、人员吸纳进预案编制小组，可以使预案更实用、更有效，并且可以有效地保证应急仓库预案的准确性和完整性，有利于统一应急管理各方的不同观点和意见。

预案编制小组的成员确定后，必须确定小组领导，明确编制计划，保证整个预案编制工作的组织与实施。

（二）风险识别与评估

应急仓库预案是以相应的风险类型和可能的后果为前提条件的，因此进行应急仓库预案的编制必须首先对所辖范围内的风险进行识别和评估。由于突发事件本身的性质和特点，想要识别所有的风险是不可能的，因此可以在历史数据和经验的基础上对可能存在的重大危险因素及可能造成的后果进行预测和分析。

（三）分类分级

不同类型、级别的突发事件对应急工作和应急物资的要求有很大的区别，必须有不同的应急仓库预案来应对。所以进行应急仓库预案的编制，除了要对可能存在的重大风险及后果进行预测和评估之外，还需要对突发事件进行分类分级，并以此为依据编制不同的应急仓库预案，从而保证应急仓库预案的有效性和针对性。

（四）应急能力评估

应急仓库预案的编制不能只考虑外部的风险因素，还必须考虑到仓库本身的应急能力，否则也很难发挥作用。因此，在编制预案的过程中要对自身的应急能力进行评估。仓库的应急能力包括人员的技术、经验和接受的培训，仓库现有的应急资源，与其他单位或部门的应急合作，其他物资筹措渠道等。在编制预案的过程中，编制者应对仓库应急能力和风险进行分类分级，选择最有效、最实用并且最符合实际情况的应急措施。

（五）处置措施设计

做好了上述准备工作，就需要编制针对特定突发事件的处置措施了。处置措施的编制首先要能够改进应急仓库目前存在的不足。措施的编制可以在修订前预案的基础上进行，即使是已经失效的预案也具有一定的参考价值，以前预案为基础，可以避免应急仓库预案的重复，也可以最大限度地减少工作量，并确保与其他相关应急预案的协调性与一致性。

（六）部门及人员职责界定

在应急仓库预案编制过程中，确定应急部门及人员职责是非常重要的一个环节。当突发事件发生时，应急过程中的不同环节或方面需要不同的部门及人员开展工作，明确的职责分配就是应急仓库开展工作的重要保证。

（七）预案的评审与发布

尽管应急仓库预案的编制是在风险评估与分析及应急能力评估的基础上开展的，但是为保证应急仓库预案的科学性、合理性，编制完成的应急仓库预案还必须经过外部和内部的评审。评审结束后按照相关的程序发布和备案。

（八）预案的培训和演练

应急仓库预案发布之后，需要对相关部门和人员开展培训，使其被广泛地了解和接受，从而在应急过程中发挥其应有的作用。应急仓库预案的演练也是至关重要的，应急预案编制完成后是否存在问题，必须通过演练进行检验和修订。

（九）预案的维护与更新

随着情况的不断发展变化，预案编制的基础，如应急仓库的应急能力、资源及周边的情况等发生了变化，这些变化都会对应急仓库预案产生重要的影响。因此，应急仓库预案必须随着这些变化不断地进行适当的修正和调整，使其始终保持与实际情况一致，保证其有效性和准确性。

第三节　应急仓库预案的评审、发布与培训

一、应急仓库预案的评审

为了保证应急仓库预案的规范性、科学性和可操作性，应急仓库预案编制完成之后，还必须开展评审工作。应急仓库预案的评审工作主要有内部评审和外部评审两类。

内部评审的工作主要由评审小组及应急仓库内部人员开展。应急仓库预案的内部评审是通过内部成员对应急预案的检查来确认应急仓库预案的完整性的。另外就是保证应急仓库预案的规范性，保证其语言流畅，容易被相关人员理解和接受。

外部评审是由应急仓库外部的机构或人员开展的。外部评审的人员可以是同行的人员，这类人员具有编制相关预案的经验或者具有专业技术或资格，通过他们的评审，可以得到对于应急仓库预案的客观评价。外部评审人员也可以是应急仓库的上级部门，他们本身就负有对应急仓库开展监督和管理的职责，通过评审，使得他们对应急仓库预案有更深入的了解，从而提供资源等支持和承诺。外部评审人员也可以是公众和新闻媒体等，他们参与评审的过程就是应急仓库预案被大众认识的过程，这有助于改善预案的完整性与可接受性。政府评审则可以保证应急仓库预案的编制符合相关法律法规、标准和上级政府规定的要求，并确认应急仓库预案与应急过程中其他的预案是协调一致的。

二、应急仓库预案的发布

应急仓库预案经过内部和外部评审之后，由政府相关机构认定并发布、备案。应急仓库预案发布的一个很重要的目的就是使所辖范围内所有人员都可以参与到应急活动中，并和参与应急响应的其他机构协调融合。

三、应急仓库预案的培训

我国目前的现实情况是，往往只有参与应急预案编制的人才了解应急预案的内容，预案编制后就作为文件摆在一边，而未能参与应急预案编制的人员都不知道按照预案应该做什么、怎么做。要避免出现这样的情况，就需要在预案编制之后对相关部门和人员开展应急仓库预案的培训和教育。

在预案实施的过程当中，不同的人员承担着不同的工作任务，例如，指挥人员需要对宏观事态有一定的把握，并在不同的事态发展阶段作出决策；物资筹集人员就需要负责在应急管理过程中联络应急仓库的合作企业和单位在最短的时间内筹集相应的资源；通信人员在应急过程中需要负责与不同部门、外部机构等的联系和沟通等。这些不同的职责使得他们有不同的培训目标，并需要采取不同的培训方法，从而做到有的放矢，发挥每个部门和人员的作用。

四、应急仓库预案的演练与动态调整

在应急仓库预案编制完成之后，预案在应急实战中到底能够发挥多大的作用，是否是符合实际的、有效的，只有通过演练才能为应急管理部门所了解。由于突发事件是小概率事件，应急预案似乎从来没有实施过，因此演练便是应急管理人员检验和评估应急响应能力的主要方式。应急仓库应该按国家法律和法规的要求，定期开展突发事件应急演练。

2010 年 4 月 14 日 7 时 49 分，青海玉树发生 7.1 级地震，顷刻间房屋倒塌，电力、通信中断。大灾面前，电力应急供应保障被放在了象征生命的重要地位，尽快恢复供电成为电力企业勇担社会责任的唯一体现，也成为检验电力企业应急管理能力的唯一指标。玉树震后的救援工作面临无天时、无地利的困境：气温低，温差大，最高气温能达到 18 ℃，夜间会降到 -2 ℃，不论是对于震区的人还是救援人员来说，晚上睡觉的保暖问题都很紧迫。玉树平均海拔 4 000 米以上，最高点 6 621 米，高原反应是抗震救灾的另一大障碍，不仅仅是搜救人员，连搜救犬也出现高原反应。因此，应急资源是应对一切灾害的根本保障。任何一次灾难的环境、困难都不尽相同，快速适应灾情并迅速展开行动，需要管理规范、储备充实的应急资源来保障。在玉树救援中，第一批抗震救灾物资当天就紧急下拨到灾区，电力应急队伍的建设也很快完成，可是队伍的实战技术练兵却始终显得不足。每一次电力应急救援队伍派出时，往往更为注重备齐抢修材料、工具，对救灾所需帐篷、行军床、棉大衣、应急灯具、医疗用品等劳动防护用品，以及随行专业医护人员的派遣等考虑得相对较弱；各类应急队伍应该配备的装备、车辆保障的运行机制、生活后勤的规范配置和标准等随机性较强，尚未形成规范标准，未形成围绕中心的有效“自转”。

应急仓库预案的演练是在虚拟的事故条件下，组织应急仓库的部门和人员执行实际突发事件发生时，按照预案履行各自的职责，完成各自工作任务的演练活动。通过实际的演练，可以找出应急仓库预案中可能存在的问题，对其加以改善，从而提高应急仓库的整体应急能力。

在开展应急仓库预案演练的时候应该做到：遵守相关法律法规、标准和应急预案的规定；全面计划，突出重点；周密组织，统一指挥；由浅入深，分步实施；讲究实效，注重质量；原则上应最大限度地避免惊动公众。通过应急预案的模拟演练，应急仓库部门和人员在突发事件中更能做到有的放矢，尽最大可能减少物质财产损失，保障公众的生命安全。

（一）应急仓库预案演练的目的

（1）通过演练对应急仓库预案的科学性、合理性、可操作性进行检验，找出在应急仓库预案中存在的问题，并进行修改。

（2）对应急仓库预案中已明确规定的仓库资源的分布情况、紧急物资筹措方式、各部门及人员职责等相关的内容进行检验，评估仓库的应急能力和资源情况。

（3）检验相关部门和人员对应急仓库预案的了解程度，即相关部门和人员是否对自己在应急过程中的工作任务和职责有明确的认识和了解。增强应急处理人员对预案的熟识程度，提高突发事件的处理能力和反应速度。

（4）检查应急指挥机构和人员对突发事件的指挥与控制能力。

（5）通过演练检查应急仓库预案的整体或关键性的局部措施是否能得到有效实施，是否在应对可能出现的各种意外情况方面具备有效性、充分性和适应性，保证制定的措施能全面应对可能出现的紧急情况。

（6）通过演练检查应急仓库各部门内部、不同层级人员之间、不同部门之间，以及与外部机构之间的通信和联络渠道是否畅通有效，这将直接影响到应急仓库的应急响应能力。加强与外部应急救援机构的联系，提高利用外部救援资源的能力，增强应急仓库预案与其他相关预案之间的合作和协调。

（7）增强参加演练的部门和人员的危机意识及风险防范意识，逐步提高针对不同类型突发事件的应变能力和协同配合能力，并树立应对重大突发事件的信心。

（8）检查应急仓库预案的应急启动能力。

（9）促进公众、企业、媒体对应急仓库预案的理解，争取在应对突发事件时获得他们对应急仓库工作的支持和帮助。

（二）应急预案演练的种类

1. 按演练目的分类

根据演练的目的不同，可以分为三种演练类型：

（1）检验性演练：检验应急仓库预案的可行性、准备的充分性、仓库应急机制的协调性以及相关部门和人员的应急响应及处理能力。

（2）示范性演练：应急仓库开展示范性演练的目的是使社会公众对应急仓库预案的应急工作程序有一定的认识和了解，向社会公众展示应急仓库的应急处理能力或者为其他机构提供示范教学。

（3）研究性演练：主要是为了研究和解决突发事件应急处置的重点、难点问题，对新提出的方案、技术或设备进行试验。

2. 按演练内容分类

根据演练的内容，可以将应急预案演练分为单项演练、组合演练和综合演练。

（1）单项演练是为了发展和熟练掌握某些基本操作或完成某种特定任务所需的技能而进行的演练。这种演练是在应急处理人员完成对应急仓库预案的基本知识的学习以后进行的。根据不同突发事件应急管理的特点，单项演练的大体内容有：通信联络、报警、报告程序演练；人员集中清点、装备及物资器材到位（装车）演练；应急物资筹集演练、公众信息传播演练；其他有关行动演练。

通过开展单项演练可以有针对性地检验和提高特定行动与人员的响应能力，发现应急仓库应对突发事件时的薄弱环节，但是另一方面就缺乏对与各部门、各行动和机构之间的协同性的检验。

（2）组合演练是一种为了发展或检查应急仓库与应急物流其他环节之间及其与外部救援机构之间的相互协调性而进行的演练。它将具有较紧密联系的多个应急任务组合在一起进行演练，注重检验突发事件应急处理体系各机构、各环节间的相互协调、相互配合关系，其目的是要交流信息，加强应急行动中各应急处理组织之间的配合和协调性，如检验应急仓库与应急运输之间的协调与配合、应急仓库与生产企业的应急配合等。只有经常性地运用应急指挥平台开展各种类型、主题不一的演练，不断完善、深化，应急系统才能真正实现上下联动快速、信息汇集全面及时、决策分析科学果断、日常管理规范。

（3）综合演练是应急体系内所有承担应急处理任务的组织机构或其中绝大多数组织参加的为全面检查执行预案可能性而进行的演练，主要目的是验证各应急处理机构执行任务的能力，检查相互之间的协调能力，检验各类组织能否充分利用现有人力、物力来降低突发事件后果的严重性及确保公众的安全与健康，检验各类组织能否高效地调配和利用应急资源与应急力量。通过演练，要达到提高应急预案的可靠度与可行度，发现预案中存在的主要问题，提供改善预案的决策性措施的目的。

开展综合演练既可以实现告知，对相关部门和人员开展教育和培训，也可以实现保密。采用哪种方式主要取决于开展演练是为了培训相关部门和人员对预案的熟悉程度，还是检验响应速度和能力。

另外，开展综合演练要考虑公众的有关问题，尤其要顾及危险源区附近公众的情绪，使公众能够正确评价危害的性质，从而使推荐的防护措施得到公众的认可。公众信息传播部门应借助综合演练的机会，向有关公众宣传演练的目的，以及当真实突发事件发生时，应该采取的措施。必要时可组织公众中的骨干力量参观，甚至参加演练。

综合演练的开展涉及预案中的多项或全部的行动，可以有效检验和提高各部门和个人的响应能力，但是花费较大，需要较长的筹备时间，需要调用的资源也相对较多。

3. 按演练的组织形式分类

根据演练的组织形式，可以分为桌面演练和实战演练。

（1）桌面演练是指由应急仓库组织代表或关键岗位人员参加的，利用地图、沙盘、流程图、计算机模拟、视频会议等手段，按照应急仓库预案及其标准运作程序，讨论突发事件发生时应采取什么行动的演练活动。桌面演练的主要特点是对演练情景进行口头演练，它一般是在会议室内举行的非正式的活动。其主要作用是在没有时间压力的情况下，演练人员检查和解决应急仓库预案中的问题，同时获得一些建设性的讨论结果，提高演练人员解决问题的能力，以及解决应急仓库组织相互协调和职责划分的问题。

桌面演练只需展示有限的应急仓库响应和内部协调活动，成本较低，筹备时间短，调用的资源少，但是现场感较差，效果也有限。

（2）实战演练是利用搭设的场景、真实的设备物资等，设立仿真的应急环境，完成真实的应急响应过程。通过这种方式可以检验和提高指挥人员、执行人员的临场指挥、现场处置等能力。这种演练的操作性和现场感强，宣传影响力大，但是花费大，筹备时间长，调用的资源也多。

（三）应急仓库预案演练的准备与实施

为应对突发事件而进行的应急仓库预案演练是一个复杂的任务，应急仓库预案的演练通常包括以下步骤：

（1）预案演练计划。这是进行预案演练的前提条件，演练计划明确了什么时候举行演练、举行什么类型的演练、针对什么进行演练等，在预案演练计划的基础上，才有可能进一步开展工作。

（2）成立预案策划小组。负责完成应急仓库预案演练的准备工作，包括编写演练方案、制定演练规则等。策划小组不仅要负责演练工作的设计，将来也要参与到演练的实施以及总结和评估中。因此，策划小组的成员必须要对应急过程及应急仓库的运作非常熟悉。

（3）演练目标、类型、时间和场所的确定。出于不同的目的，应急仓库预案的演练可以选择不同的类型。由于预案的演练会涉及不同的人员、部门等，应该提前与参与演练的人员协商，共同确定演练的时间和场所。

（4）在前面准备的基础上，编写应急仓库预案的演练文件。文件应该包含几个内容：首先是情景设计，这是演练设计的基础。情景设计中必须明确说明何时何地发生何种事故、被影响的区域和程度、气象条件等。其次是演练规则。确定演练规则主要是为了确保演练安全，对有关演练和演练控制、参与人员职责、实际紧急文件、法规符合性、演练结束程序等事项的规定或要求。另外，在演练文件中还应该包含评价计划、演练控制指南、演练人员手册、演练现场规则等内容。

（5）除了上述工作以外，在演练的准备阶段，还需要筹集演练资源和经费，以及对演练进行宣传。

(6) 对相关部门和人员开展演练培训。对参加演练的部门及人员进行培训的主要目的是使他们了解演练的基本情况、规则等内容，并熟悉自己的工作安排，保证演练的顺利开展。

(7) 应急仓库演练的实施。演练的实施阶段主要是按照演练方案，及时向参加演练的人员提供预想的突发事件发生、发展的情况及影响范围，以考察应急处理人员的处理问题能力和响应速度、相互协调配合情况。实施阶段评价的人员要做好参加演练队伍和人员的现场表现记录，为总结分析提供依据。

(四) 应急仓库预案演练的评价和追踪

演练评价的目的是确定演练是否达到目标要求，检验应急仓库部门及应急响应人员完成任务的能力。通过演练各项信息的汇总，演练评价人员与参加演练人员的交流、访谈，参加演练人员的自我评价，演练策划小组针对演练得失情况的讨论与交流，由演练评价人员讨论确定突发事件应急预案的不满足项，并在此基础上编写演练总结报告，制定不满足项的改进和补救措施，必要情况下，修订应急仓库预案。演练结束后进行总结是全面评价演练是否达到目标、应急仓库的准备水平、应急响应能力如何，以及应急仓库预案是否需要进一步完善和改进的一个重要步骤。

应急仓库演练的追踪是在总结和评价之后开展的，目的是督促相关应急仓库中尚未解决的问题或事项的进一步开展。为了保证演练的效果及目标的实现，须对演练进行追踪，发现不足并监督、检查和追踪纠正措施的进展情况。

阅读材料 5. 3

嘉兴电力应急仓库完成国网应急演练

2010 年 6 月 22 日下午，国家电网公司举行应急物资保障演练，嘉兴应急物资储备仓库作为华东电网公司和省公司唯一参演单位，继 5 月中旬投运时首次成功参加省公司应急演练后，再次圆满完成国家电网公司应急演练。两次应急演练证明，嘉兴应急储备仓库管理工作优质高效、保障有力，能够完成上级下达的应急保障任务。

为更好地应对各类突发电力事故，保证人民生命财产的安全，确保电力物资随时拉得出、供得上，切实提高电力物资供应保障能力，国家电网公司以华北地区持续降雨，多地发生山体滑坡、泥石流灾害，部分电网设施遭受损毁为背景，于 6 月 22 日举行应急物资保障演练。

下午3时许，急促的电话铃声打破了嘉兴电力综合园区应急物资储备仓库的宁静。工作人员接到配送任务后，迅速就位，根据物资调拨清单向仓库管理系统发出出库指令，仓库管理系统随即自动生成装车计划。堆垛机准确无误地从立体货架上拣取所需物资，四辆叉车轰鸣着，将一盘盘动力电缆、清障用油锯等调拨物资装到车辆上，仓库里紧张繁忙而又有条不紊。

由于该应急物资储备仓库以高科技为依托，以智能化、自动化为手段，以标准化为目标，采用先进的RFID射频系统，应用无接触信息扫描和传递方式，实现物资自动出/入库、自动盘点、自动生成装车计划以及运输车辆实时监控等功能，短短几分钟，应急物资储备仓库完成国家电网公司下达的8项76件、800米电缆的应急物资出库任务，运输车辆呼啸着向事故抢修现场出发。

（资料来源：王天根，柴连兴．嘉兴电力应急仓库完成国网应急演练［EB/OL］．嘉兴在线，2010－06－23.）

第六章　应急仓储与应急物流的协调

阅读材料 6.1

应急采购，抢在第一时间

2010 年 8 月 7 日深夜，舟曲暴雨倾盆，山崩堤决，泥石狂流。

接到灾情报告后，兰州军区在第一时间启动了处置重大自然灾害的应急指挥机制。8 月 8 日凌晨 4 时，兰州军区司令员王国生上将亲自坐镇作战值班室，及时组织指挥抢险救灾工作。军区政委李长才中将于 8 月 8 日上午率领机关工作组赶赴灾区参加抢险救灾工作。军区物资采购部门也闻令而动，积极请战，主动了解灾情和救灾需求，在最短时间内完成了抢险救灾物资采购保障的各项准备工作，为抢险救灾赢得了时间，争取了救灾工作的主动性。

一、第一时间动用军区储备物资

兵马未动，粮草先行。

接到抢险救灾命令后，兰州军区迅速建立统一的应急采购保障机制，并部署抢险救灾的各项物资采购保障工作。同时，为满足应急物资需求，兰州军区决定首先动用储备物资。

“部队到达灾区抢险的初期，重点是在短时间内营救生命，因此对野战食品、方便食品的需求较大。我们按照‘先保障熟给养后保障生给养、先野战食品后方便食品’的思路，提前发放了 1 万多份野战食品。同时，军区物资采购部门紧急采购了 10 吨方便食品和矿泉水以及制作上万公斤馒头所需的酵母粉。”兰州军区联勤部军需物资油料部部长刘荣进事后说道。

据介绍，8 月 8 日凌晨，兰州军区接到救灾任务后，某联勤分部部长赵全海迅速指挥各储备仓库，将各类发电机组、床板、运水挂车、帐篷等救灾必需品作为保障重点，提前对灾区所需物资装备进行了清点、调剂和集中，确保车到、人到、物资到。某综合仓库也连续奋战 17 小时，向灾区发送了帐篷 506 顶、贮水罐 100 个、净水器 40 台、淋浴车 2 台、淋浴装置 12 套、多功能折叠床 500 张、不同型号电站车及供电网络 90 套，以及 40 多台车。某军需仓库也立即调运棉被、棉褥、毛巾、手套等物资 45 700 套（件）。

二、第一时间启动应急采购机制

一支支开赴灾区的部队发回了急切而又相同的信息："灾区缺水、缺粮、缺药品！"

灾情就是命令。面对灾情，兰州军区物资采购部门立即启动应急采购保障机制，并下达了应急采购保障指示，要求各级物资采购部门迅速启动应急采购预案，全力抢险救灾。

"我们首先通知协议供应商做好应急供货准备。同时，召开了抢险救灾物资应急采购保障联席会议，及时明确各方职责并进行分工。最后，我们决定通过应急采购和地方支援保障两种渠道，形成军区集中采购、供应商直达配送和部队就近自主采购相结合的应急采购保障机制。同时，我们制定了24小时工作制，实施全天候保障战略，确保一批批救灾物资火速挺进舟曲救援点，让救援人员和受灾群众及时领到救灾物资。可以说，我们在第一时间完成了部队交办的各项应急采购保障任务。"兰州军区联勤部军需物资油料部物资采购处处长骆卫东介绍当时的救灾场景时，表情依然十分严肃。

据骆卫东介绍，通过启动应急采购保障机制，兰州军区某应急兵站在第一时间紧急采购了5吨方便面、5吨矿泉水和30多吨新鲜的肉类、蔬菜等食品，并第一时间送到了灾区。同时，根据灾区保障需求、地理环境、物资储备现状等实际情况，军区物资采购部门迅速开辟了兰州、陇西经甘肃岷县至灾区的蔬菜运输线，每天启用10多台车将肉、菜、蛋、奶等副食品源源不断地送到受灾现场。

尤其值得一提的是，为了能随时随地掌握灾区的需求情况，军区物资采购部门还成立兰州、天水两个以后方部队为依托的副食品应急采购点，疏通了采购渠道，确保了灾区应急物资的顺利采购和及时供应。一方有难，八方支援。一批批紧急采购的救灾物资源源不断地从后方向舟曲涌来。

三、第一时间采取军地融合保障

8月11日夜晚，舟曲境内普降大雨，再次引发山洪泥石流。省城兰州通往舟曲灾区最快捷的"生命线"——两河口至舟曲公路交通完全中断。面对救灾部队的空前集结行动，军民兼容型物资采购保障机制迅速启动，形成了一个个军民联合采购保障站点。

"正是由于物资采购有了保障，才让任务部队赢得了抢险救灾的时间。"谈起当时紧急采购的情形，骆卫东十分感慨。他告诉记者，参与救灾的既有地方专业人员，又有部队专业分队，既有转移、疏散群众的民兵预备役人员，又有实施抢险的现役部队，但整个过程各兵种之间、军地双方协调有序，有条不紊。此外，甘肃省军区物资采购部门与甘肃省发改委迅速协商，在灾区建立起应急采购保障体系。8月8日当天，就在灾区的主要地方开设了5个军供站，并实行划区保障，展开昼夜供应。各军供站主动提供服务，相互支援，及时为灾区提供了充足的物资。

强有力的物资应急采购和后方支援，为舟曲的救灾工作赢得了时间，提供了保障。心与心相连，手与手相牵，危难之中的舟曲重燃起美好生活的希望。

（资料来源：袁瑞娟．应急采购，抢在第一时间[N]．中国政府采购报，2010－08－26.）

应急管理的客体主要是突发事件，包括自然灾害、事故灾难、公共卫生事件、社会安全事件。应急管理中的第一个里程碑事件是美国联邦应急管理署（FEMA）的成立，它把所有应对突发灾难事件的职能集于一个部门；第二个里程碑事件是2001年美国纽约“9·11”事件的发生，这一事件的发生将国家安全问题和公共安全问题集中展示出来；第三个里程碑事件是中国2003年“非典”的暴发，它突破了应急管理的地域限制；第四个里程碑事件是2005年美国新奥尔良飓风事件对FEMA的考验，说明应急管理需要有在遇到问题之后快速形成处置应对方案的能力，而不仅仅是有相应的机构。

建设良好的通风、防潮仓库，做好库存物资的储备，并交由专人保管，才能保证应急处理的及时有效。过去的理念是重视灾后救援，而现在更倡导灾难发生前的准备，要加强应急物资储备系统的建设，完善公共应急保障机制。此外，要发挥科技在应急物流体系中的作用，强化信息技术在应急物流各功能间的协调作用，提高应急管理的科技含量，加强地理信息系统（GIS）、全球定位系统（GPS）、卫星遥感（RS）、计算机、通信等先进技术在应急信息系统、指挥决策支持系统中的应用，加强对外交流，引进和吸收国外先进的科技手段与设备，提高应急管理水平。

第一节　应急物流体系在应急管理中的作用

一、应急物流体系与外部相关体系的关系

应急物流是以提供突发事件所需应急物资为目的，以追求时间效益最大化和灾害损失最小化为目标的特殊物流活动，具有突发性与不确定性、临时性与紧迫性、弱经济性与公益性等特征。根据需要，它包括物品获得、运输、储存、装卸、搬运、包装、配送以及信息处理等功能性活动。应急物流系统是指为了完成突发性的物流需求，由各个物流元素、物流环节、物流实体组成的相互联系、相

互协调、相互作用的有机整体，它是一般物流系统的一个特例。“时间”是应急物流系统的要素之一。

图6－1反映了应急物流体系与外部相关体系的关系。应急物流体系既从属于应急管理体系，也从属于国家物流体系，是国家物流体系和应急管理体系的交集。应急物流体系的建设既要立足于国家物流的全局建设，又要立足于应急管理的全程运作。

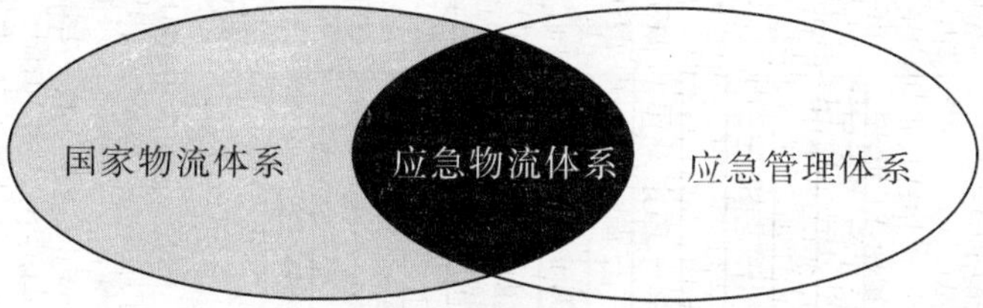

图6－1　应急物流体系与外部相关体系的关系

二、应急物流体系的构成与功能

应急物流体系涉及政府、行业组织、物流企业等不同层次、不同系统的机构，也涉及采购、仓储、运输、配送等不同功能环节，还涉及信息、法规、人才、理论、技术等不同的组成要素，是一个复杂的大系统。

图6－2反映了应急物流体系构成及内部关系。应急物流体系的基本组成要素主要包括应急物流信息管理子系统、应急物流组织机构子系统、应急物流政策法规子系统、应急物流理论技术子系统、应急物资子系统、应急物流设施设备子系统、应急物流专业人员子系统七个构件。

（1）应急物流信息管理子系统：是指用于应急物流需求感知、传递、分析、汇总、反馈的信息网络系统，从软件和硬件方面增强应急物流信息管理能力，能提高应急物流指挥决策的及时性、有效性和科学性。

（2）应急物流组织机构子系统：是指应急物流体系运作所需要的机构架构、部门职责、人员编制、工作流程等。合理确定管理层级、管理幅度及管理关系，科学制定组织机构的框架、编制、形式，能确保应急物流体系的工作效率和运行效益。

（3）应急物流政策法规子系统：是指有关应急物流的国家法律、地方（部门、行业）法规和配套规章制度体系，政府出台的政策措施、制订的应急物流预案计划，以及各种技术标准、性能规范等，主要起到规范、约束应急物流活动的作用。

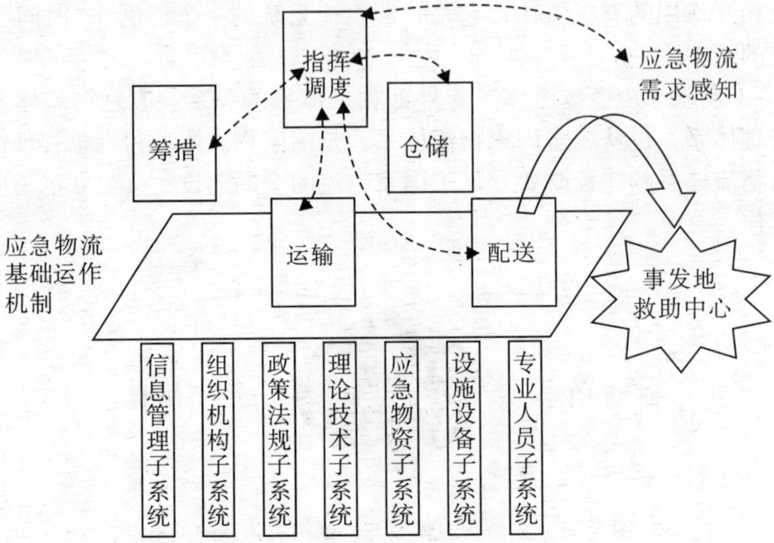

图6－2 应急物流体系构成及内部关系

(4) 应急物流理论技术子系统：是指有关应急物流的基础理论、应用理论和技术基础等，它是推动应急物流体系建设的强大动力。

(5) 应急物资子系统：是指应急物资的品种、数量、结构、布局、生产能力、存在状态等相关构成要素，它是应急物流体系的作用对象。合理储备对于应急物流物资子系统的建设具有非常重要的意义，应急仓库应按照国家、军队、地方、市场和家庭五级储备形式，构建具有中国特色的应急物资储备体系。

(6) 应急物流设施设备子系统：是指具有应急物流功能的站台、码头、交通航线和路线等各种固定设施，以及运输、库存保管、装卸搬运、包装等相关设备和工具等，它构成了应急物流体系有效运作的物质基础。完善和新建一批适用的固定设施，研究开发用于应急物流的非常规装备，提高其可靠性和先进性，能够大幅提升应急物流保障能力。

(7) 应急物流专业人员子系统：包括应急物流指挥决策人员、科研工作人员、专业技术人员、操作使用人员等各级各类专业人员，它是应急物流体系的能动力量。通过系统的教育训练和有效的思想政治工作，提高专业人员的业务素质和工作能力，调动其积极性、责任心和主观能动性，能大大提高应急物流作业效率。

指挥调度功能通过信息平台进行指挥调度，可以实现对应急物流需求的准确感知和对物资筹措、运输、仓储、配送四个实体功能的支持和控制，并最终通过配送完成对事发地"最后1米"的实物供应，从而使应急物流体系的系统功能得以充分发挥。

本书研究的应急仓库是应急物资子系统的重要组成部分。应急物流体系基础功能完备，协调运作，有机融合，才能有效实现应急物流保障能力的大幅提升。

三、应急物流体系的运作

应急物流体系的运作流程是：在发生应急警报后，应急物流指挥调度部门及时搜集整理有关情报信息，根据应急管理组织对突发事件性质和烈度的判断，综合研究，迅速启动相应等级的响应机制，并初步预测应急物流需求，确定有关物资的投向、投量以及投送渠道等；综合分析和权衡现有的储备物资、可动员利用的物资以及有关保障资源情况、应急物流通道情况，拟订科学、切实可行的应急物流保障方案和计划；向有关单位下达任务，规定时间节点，并对运作执行情况连续跟进和收集整理反馈信息，根据实际情况进行灵活调整；运作执行部门根据任务，采取有效措施确保应急物流顺利开展；对整个应急物流活动进行善后处理，调整回收可利用的物资，梳理总结应急物流保障的经验教训，向上级上报有关情况，并适时转入常态物流运作模式。

在处理突发事件时，应以全程可控的信息网络为依托，以现代物流先进技术装备、智力工程、工作机制为支撑，建成集物流指挥调度、物资筹措、物资运输、物资仓储、物资配送于一体，各环节顺畅衔接、一体联动的应急物流体系，提供强有力的应急物流保障。

应急仓储是应急物流运作的重要基础，应急仓库是应急物资子系统的重要组成部分。应急物流的主要作用是使应急物资能快速、高效地送到受突发事件影响的地区与人群中。在储备环节上，要做好储备管理工作，注意仓库的合理布局、修建的数量和容量、物资的种类、应急物流指挥中心长期和中期的储备量等。对应急物资的管理要充分利用企业管理和控制库存的方法，要注意与加盟物流企业签订好应急物流协议。

阅读材料 6. 2

困境：跑不起的公路

一、被取消收费的二级公路仍在违规收费

陈师傅是深圳一家物流公司的司机，开货运车已有20个年头了，对广东周边的路线都很了解。凌晨五点半，陈师傅从深圳出发，要送一批货到广州和佛山三水，全程220公里。为保证货物准时送达，陈师傅决定，从深圳到广州走低速，从广州到佛山走高速。货车首先经过了深圳地界内的水田收费站，缴费15

元，仅仅行驶了30公里，又到另一个收费站——马田收费站，令人感到奇怪的是，这次缴费是25元，不知为何多了10元。这两条路分别位于松白公路和石观公路两条主干道上，虽然是二级公路，但是一直没有取消收费。陈师傅说："这里收费差不多20年了。"

按照2003年8月1日实施的《深圳市公路和隧道收费改革实施办法》，深圳应撤销除高速公路以外所有公路和隧道的收费站，但我们没看到实质性的进展，到2004年5月，这两个收费站还是一样在继续收费。陈师傅说："上个月底说取消，现在还没取消，还在继续收费，二级公路本应该取消收费的。"

随后在经过107国道上的松安收费站时，发现这家收费站已经取消了收费，经过这家收费站后货车就进入了广州东莞地界，货车经广园快速到达第四个收费站——广州仓头收费站，收费60元，收费票据上写的是40元加20元，这20元收的是进城费。随后货车上了西二环高速直接开往佛山，最后货车经过小塘收费站和金沙收费站到达佛山三水，单程费用共计267元。陈师傅说，如果取消二级公路收费，往返一趟最少可以省下400元。

部分二级公路的收费站没有取消，还在继续收费，这对于物流公司来说，跑高速和跑低速根本就没有太大的区别，成本始终还是降不下来。

陈师傅算了笔账，跑这趟货来回商家总共给1 800元左右，如果跑高速的话过路过桥费往返将近600元，费用已经占去了1/3，油费要800元左右，再加上人工成本，这三大块就占去了1 500元，安全到家后，最后赚到手的也就300元。以从深圳到佛山拉一车饮料为例，厂家给的价格是60元一吨，一台装载量为15吨的货车，拉一车货的费用是900元，但是跑全程高速往返的话过路过桥费加上油费就要将近1 400元。这就意味着他们必须超载8吨以上才能保本。陈师傅说："一般超载100%或50%都有，不超载就找不着吃的了。"

目前对于超载的罚款是很严厉的，主要是在二级公路上罚款，超30%罚2 000元，超50%罚5 000元，超100%罚2万元。潘先生是广州一家货运公司的负责人，他的车经常送货往返广深两地，对于超载罚款潘先生很是苦恼："像我们这个三桥的车跑高速，一般的高速25吨不算我们超载，但在低速如果交警查到会算我们超载100%。"

潘先生解释说，现在油费和人工成本都在上涨，物流企业的利润也是越来越低，为了生存，他们不得不铤而走险，现在每年交的罚款加起来是一笔不小的数目，公司有18台车，经常跑深圳，每年在东莞深圳这一带的罚款多达10万元，纵然是这样，他们也只能继续超载。

二、广深高速收费55年　高速路变印钞机

18台货车每年的罚款数额就要缴纳10万元，一年下来，当地交警部门能收获一笔相当大数额的罚款。如果不超载，货车司机无论如何赚不到钱，这是导致超载屡禁不止的重要原因之一。除了缴纳巨额罚款，司机们还要承担超长的收费年限，这些费用都让货车司机不堪重负。

位于广东省佛山市的三水大桥收费站收费起止年限是1993年11月23日到2049年9月22日。三水大桥是佛山市三水区一座横跨北江的特大斜拉式桥梁，始建于1993年，1996年1月正式通车。从通车时的1996年到2049年，收费时间长达55年。2004年颁布的《中华人民共和国收费公路管理条例》第十四条规定：经营性公路的收费期限，按照收回投资并有合理回报的原则确定，最长不得超过25年。国家确定的中西部省、自治区、直辖市的经营性公路收费期限，最长不得超过30年。那么，三水大桥的收费期限为什么会远远超出国家的规定呢？三水大桥建设服务有限公司总经理张伯良说："那时候全国没有规定正常收费年限是多少，后来才确定这桥收费不能超过30年。但我们跟合作方签的时候，就是55年，我们地方政府批准了，是全国工商总局发给我们的。为什么这个时间那么长？因为合同签的时间确定是55年。"对于为什么确定55年，张伯良说："因为考虑到这个桥是地方桥，才确定修一些高速公路，建三水大桥。原来考虑如果光是三水区的话，车不多，所以经营期相对就考虑搞长一点。"

三水大桥全长1 560米，是由三水交通基础建设集团公司和澳门赌王何鸿燊旗下的香港海丰投资有限公司合资兴建，工程共投资约4.56亿元，其中澳门投资方投资及股权占90%。大桥收费站公示的车辆通行收费价目表显示：摩托车3元、简易机动车10元、小客车15元、大客车20元、货车28元。在三水大桥建设服务有限公司一楼大厅的收费金额公示栏中可以看到：2006年9 444.5万元，2007年7 734万元，2008年7 009万元，2009年7 481万元，2010年8 341万元。那么，从1996年通车至今，三水大桥是否已经收回成本呢？张伯良说："到目前为止，基本上投资的本金都收回了，现在就是纯利润。"

截至2010年，三水大桥总路费收入达到7.5亿元人民币，除去相关的经营费用及上缴税款，澳门投资方已收回全部投资金额，并有超过6 000多万元的纯利润，三水交通基础建设集团公司也有近1 000多万元利润收入。目前，三水大桥已经进入纯赢利期，如按现在路费收入每天10万元左右计算，到2049年还有近14亿元的路费入账。而现在桥的一边正在建设一个约87万平方米的大型住宅区，未来过桥的人会更多，如果建成，每天有15 000~20 000台车过往大桥。桥的另一边是一个在建的五星级酒店，建成通车后，又会成为新的营收增长点，大桥产生的利润肯定还会增加。

按照目前的协议，三水大桥会一直征收过桥费到2049年，而从2004年起，佛山市大部分的经营性公路、桥梁已经撤销收费站或纳入年次票。那么三水大桥的收费站为什么没有撤销呢？当地的许多市民说，对三水大桥收费多、期限长的问题，他们已经多次向相关部门反映，澳门投资方也表示愿意接受政府收购，那么佛山的相关部门为什么迟迟没有完成对三水大桥的收购呢？广东省交通运输厅副厅长曾兆庚表示："撤并收费站就涉及各级财政投入问题，包括省级财政、市级财政、县级财政投入问题，我们也希望在未来建设和管理当中各级财政都加大投资力度，能够更好更快地改善整个交通环境。对于三水大桥55年的超长收费年限，广东省交通运输厅也将进行重新审定。对于所有的违规项目，省厅有一个统一的部署，所有不符合规定的都要整改。"

三、最暴利行业当数路桥收费

三水大桥超长收费年限的情况，算是个历史遗留问题。因为当初修建大桥的时候，全国还没有对过路过桥费的年限问题进行严格的规定。但是，不容否认的是，现在路桥收费已成为最赚钱的行业，修了路就等着坐地收钱。为什么会出现这样的局面呢？

2010年上市公司年报数据显示：全国19家主营路桥业务的公司轻松胜过石油、券商和房地产行业，成为2010年"最暴利"行业。在A股上市的19家路桥收费公司平均净利率高达35.51%，高居榜首的五洲交通平均净利润高达55.74%，而同期，万科净利率为14.36%，仅是其1/4左右。

广深高速"暴利神话"早已闻名全国，投资方仅仅用了16年就收入300亿元，相当于前期投资的两倍。目前，它每日约进账900万元，还有近15年的收费年限。曾经因为高速公路超期限收费状告广深高速的第一人赵绍华说："广深高速公路利润是非常惊人的，2009年广深公司实现主营业务收入33亿元，平均每日路费收入906万元，净利润达20.3亿元。"

在广州，华南快速干线一期自12年前开通以来，因为"收费太贵"而一直备受质疑。短短的15.6公里就要交20元过路费，堪称天价。广州市政协委员韩志鹏说："我们中国的高速公路平均是0.6元/公里，如果是西方发达国家大概是0.4元/公里，而华南快速干线是1.2元/公里，这的确是有暴利之嫌。"

从华南快速干线的中山大道站到黄埔大道站，短短三四百米，居然收费3元。对此很多司机非常气愤，一位司机说："这么一段路才几百米，怎么这么贵呢？几百米3块钱。"不过收费站的工作人员表示："这个我也不知道，物价局规定的物价，而我们是没有这个定价权的，你可以打电话投诉它。"

对于路桥收费荣膺"最暴利行业"称号的消息，广大车主除了愤慨，更多的是无奈。一位车主说："现在上广深都开不到多快时速，五六十公里就到顶了，希望收费能调低点。"

四、路政光罚款不开票 遭曝光后被开除

面对逃不掉的罚款、遥遥无期的收费年限，司机们怨声载道，但为了生存，很多时候都忍气吞声。大货车司机修车被罚600元，路政工作人员不开票就把钱收到了兜里，这样的事实让人愤怒，同时也引起了很多人深刻的反思：是什么原因造成了这样的结果呢？

2004年4月22日，一辆开往河南西峡的大货车行驶在鄂尔多斯。中午12点多钟，大货车刚通过内蒙古与陕西交界的高速公路收费口就出了故障，停在紧靠收费口附近的休息区。下午1点左右，路政人员赶到，违规扣下了只有交警才有权扣留的行驶证，然后开始计时，但那里本来就是设立的停车带。司机询问路政人员相关情况，得到的答案是："一个小时罚300元。"司机表示要修几个小时，但路政人员仍然表示要罚1 000多元。

司机怎么也搞不明白停在正常的休息地带为什么会被罚款，他向相关部门电话咨询，但没人给他一个明确的答复。下午4点半，大货车还没有修好，路政人员再次赶来，要求罚款900元。路政人员说："交600元不开票也可以，我知道您也辛苦，我们回去也得跟领导说。"

罚款不开票，是严重的违法行为。司机给路政人员拿出600元后，路政人员并没有开出任何票据，只是把驾驶证还给了司机，执法车就离开了。

晚上12点，大货车修好后重新上路，司机百感交集，喜的是，修车12个小时本该罚3 600元，但只花了600元就摆平了；气的是，他始终不知道自己被罚款是不是合法。司机气愤地说："只能忍气吞声，没什么办法。"

过路的货运司机都表示，他们时常会被罚款，而具体是什么原因，他们自己也不知道。许多司机也发出疑问，抛开罚款原因不谈，单从权限范围来说，交警罚款理所当然，路政人员是否具有罚款权力呢？根据《中华人民共和国公路法》，路政人员具有向有关单位和人员调查、询问、取证的权力，并没有提及罚款一项，那么为什么路政人员却从在休息区修车的货运司机手中收了钱呢？该路政人员所属辖区内蒙古高路公司鄂尔多斯分公司经理曹祎旻解释说："这个不是罚款，是补偿费。"

曹祎旻说，根据《内蒙古自治区损坏占用公路路产赔偿标准》，对于损坏或占用高速公路路产资源的车辆，将按照相关规定收取补偿费。而当时那辆大货车由于故障，停在了刚过收费站的紧急停车带上，属于占用公路，根据规定，紧急停车带可以免费停车半个小时，之后每过10分钟就要加收50元的补偿费，这一规定，也是为了避免许多司机违规停车而造成高速公路的拥堵。

但曹祎旻表示，当时的两位路政人员没有给司机开出票据，而是现场讨价还价，将收取的600元直接放进自己的腰包，且态度恶劣，没有为故障车辆的司机

提供及时的服务和帮助，这已经严重违反了公司规定。目前公司已经对这两个人进行了严肃处理。

这种公路补偿费一般都产生于高速路上的突发事故，以包茂高速内蒙古段的执法大队三中队为例，3 月共处理 17 起损坏路产案件，共收取补偿费 381 740 元，4 月共处理 17 起损坏路产案件，共收取补偿费 502 595 元，按照规定都必须向当事司机提供正规的票据。并且按规定，这笔费用的 70% 用于修复路产，30% 用于办案协作、举报奖励以及增添路政装备。但由于个人利益的驱使，许多路政人员不按公司规定办事，不开票乱收费的现象确实时有发生。

已经过了收费期限的高速公路仍然在以每公里 3 元的价格收取过路过桥费，已经被明令禁止收费的二级公路仍在违规收费，对于这类现象出现的原因和解决的方案，财政部财政科学研究所所长贾康表示："现实生活中就是有有法不依的情况，可能还比较严重，怎样能够使法律严肃性的特点得以真正体现，这是一个很值得我们通过各个方面努力来解决的问题。"

收费罚款必须收支两条线，但在有些地方，地方财政跟交通处罚部门利益息息相关，这是现在公路乱收费现象的症结所在。贾康分析说："从地方财政来说，它这个做法是违背了管理部门早已明确的直收直罚、收支两条线这样一个基本框架，直收直罚是一种公共权力，这种公共权力的行使要在法律框架之下受法律的约束，同时在财政分配制度上要有明确的规定。所有的罚款收入必须直达国库，或者直达公共财政金库，不允许在过程中和直收直罚的任何利益单位挂钩，不管是称作福利也好，称作津贴也好，称作奖金也好，一律是不允许的。这个原则必须贯彻，如果不贯彻，就马上会发生咱们现在普遍出现的这种实际的挂钩，而导致公共权力扭曲，造成公共权力被局部利益所挟持控制，这是非常不健康的状态。"

目前在很多地方，其实已经实行了收支两条线，但是从结果来看，收费、罚款和部门经费挂钩的现象仍然存在。贾康举了个例子："比如说北京，它名义上在交通罚款上实行收支两条线，但我们了解到实际上并没有做到。如果在交通上面你有什么违规，它是开着单子交到银行里的专户，这个形式就是收支两条线了，进专户以后直达公共金库，然后在支出方面另外安排管理部门进行管理。但现在呢，可能还没有完全解决，在某些地方，这个专户里所积累的罚款收入的量，和它的年度可运用的经费的量之间有某种联系，这种联系未真正割断，收支两条线只是做的形式，而不是做的实质。我觉得最重要的就是在法律的严肃性方面需要有奖惩制度，谁遵纪守法，应该给他褒奖，谁违法违纪，应该对他惩罚。另外，这种事情要运用好的话，应该提高它的透明度，让公众能够知情。没有知情权，可能很多事情就是空谈，有了知情权，后面跟着就是监督权和建议权，这样就会督促政府不断改进自己的制度，形成一种压力，这个压力是良性的，是我们现在构建和谐社会特别需要的。”

总之，这一切乱象背后，都隐藏着千丝万缕的利益链条。那么这些利益链条是如何形成的？为什么会有说不清道不明的灰色地带多年存在？这里面的深层次原因究竟是什么？这是值得我们进一步反思的问题。我们必须在体制上解决目前物流业面临的诸多问题，“头痛医头，脚痛医脚”只是一种权宜之计，我们需要的是能够解决一整盘棋的智慧和改革的顶层设计。

（资料来源：中央电视台财经频道《经济半小时》“物流顽症”系列报道）

第二节 应急物资的筹措

应急物流是突发事件所产生的物流需求，无论是需求的应急物资的种类、数量、时间，还是供应地、需求地，都存在着很大的随机性。应急物流的需求是人们无法预先进行计划的，这不仅是应急物流区别于一般物流的一个特点，也是应急物流区别于军事物流、企业突发性物流和重大赛事演出物流的一个特点。

一、灾害应急物资的需求内容

灾害应急物资的需求主要包括三个方面的内容：应急物资的数量需求、应急物资的质量需求、应急物资的结构需求。

（1）应急物资的数量需求。灾害应急物资的数量需求是物资需求中最基本、最重要的内容，指突发灾害事件发生后，为保障灾区人民的基本生活物资需求所必须的最小的物资需求数量。如“5·12”汶川大地震中某一地区一天需要方便面1 000箱，矿泉水 2 000 箱等。

（2）应急物资的质量需求。应急物资的质量需求是指对物资供应的及时性、物资供应数量的准确性、物资的安全性和成本等方面的要求。如地震事件中造成灾区交通中断，物资的及时供应受到阻碍；而信号中断则给物资需求数量的信息收集造成困难，这些都属于应急物资的质量需求。

（3）应急物资的结构需求。物资的结构需求主要是指需求的各类物资之间的结构比例关系，用一个相对的指标来刻画，通常用数量比来表示。突发事件的类型通常决定着物资的结构需求，不同类型的突发事件需要不同种类的物资的组合。如在抗震救灾中，对伤员进行紧急抢救时，不仅要考虑到医药品的需求量，同时还要考虑到一定比例的配套医疗器械的需求量，这些不同类型的物资之间存在着一定的数量比例关系。

二、应急物资的筹措方式

突发事件发生后，对物资需求的特点是量很大，且要求迅速到位。因此，物资的筹措应采取多种渠道和多种方式，在时间上尽量缩短周期。

常用的筹措途径有：

（1）平时储备。对政府及地方的平时储备进行调用，速度快，效率高。

（2）强制征用。灾情严重、情况紧急时，强行征用生产流通企业的物资。

（3）紧急采购。政府引导集中采购，多为货源广、获取方便的生活必需品。

（4）突击研制和生产。组织相关机构和单位进行突击研制和生产，多为特殊性、不易获取的物资，如工程设备、特殊医疗用品等。

（5）社会募捐。对于应急物资，政府虽然有一定的储备，但遭遇大面积自然灾害时，储备物资远远无法满足灾民需求，需要社会各界捐赠。政府通过各类机构和社团，动员社会各界进行捐赠活动，主要接收资金和紧急物资。在灾害紧急救援期，对救灾物资实行定向募捐，重点面向有关生产企业，募集救灾食品、药品等急需物资；在救援中后期，可实行全社会募捐，面向所有企业及家庭募集衣服、生活用具等。

（6）国际援助。争取国际援助，尤其要争取那些国内缺乏或受限制的资源和设备。

三、应急物资的采购

应急物流的突发性和随机性决定了应急物流的供给不可能像一般的企业内部物流或供应链物流那样，根据客户的订单或需求提供产品或服务，应急物流供给是在物流需求产生后，在极短的时间内，在全社会采购所需的应急物资。

应急采购是指在如抗灾抢险、战时动员等紧急状态下，为完成急迫任务而进行的采购活动。在应急采购活动中对应急物资的供应商进行了解、评价、开发、使用和控制是保证应急物资采购质量的必要工作。

应急物资需求的急迫性要求灾害事件发生前就应储备一定数量的应急物资。应急灾害事件的非预见性造成对应急物资需求的不确定性，灾害事件，特别是一些重大灾害事件发生，短时间之内会需要大量物资，致使储备的应急物资仍无法满足需求。这就要求除了储备一定数量的应急物资外，还应该开展应急物资的临时采购，而且临时采购的程序应该简单。同时，在突发事件发生时，所需应急物资具有多样性，从救灾专用设备、医疗设备、通信设备到生活用品无所不包。因此，应急采购部门需要对多种应急物资进行合理采购，保证应急物资的供应。

应急物资的采购是应急管理中极其重要的一环，它关系到应急活动能否顺利进行，采购成本能否有效控制等，对应急系统效率有着重大影响（应急物资一般用于防止灾害的蔓延和灾后重建工作，也包括灾区民众基本生活物资的及时补充）。当储备的物资出现缺口时，就需要进行采购。采购部门能否准确及时地以适宜的价格购进救灾所急需的各种设备用品，往往是应急救援活动成败的关键之一。

（一）应急物资采购的特点与流程

对于应急仓库来说，所开展的采购工作可以分为两类：一类是常规采购，可以采用常规的采购流程和方法；另一类就是应对突发事件临时开展的采购工作，这时的采购工作与常规采购有很大的不同。

与常规采购相比，“应急”是应急物资采购的本质特性。应急物资采购主要有以下特点：

（1）时间紧迫性与采购要求高的矛盾。应急物资采购活动常常针对的是关系到国家的安全或人民生命财产安全的紧急事件，它要求采购时间短，采购程序精。但采购时间短和采购程序精并不代表着对采购对象要求降低，相反，由于应急物资采购自身目的的重要性，它对采购对象的质量等指标要求也是很高的。如“5·12”汶川大地震后的采购活动，大到灾后居民临时居住的房屋，小到卫生口罩，国家卫生及质检部门都制定了较为严格的标准，对采购活动本身也提出了较高要求。

（2）采购任务的不确定性。应急采购由于突发事件的突发性和不可预测性，无法准确预测突发事件的发生、持续时间、影响范围以及强度大小，使得采购时间、采购品种、采购数量等往往具有不确定性。

（3）采购部门单一，供应部门多元化。对于一般物流采购，在优化采购流程时，通常通过对供应商进行严格筛选或减少供应商的数量来保证采购商品的质量及采购成本的低廉。应急采购活动由于其特有的目的性和紧迫性，采购主体一般是“单枪匹马”地在采购市场中活动，而无法像平时进行有计划大批量采购那样可采用“强强联合”或“价格联盟”等办法提高采购效益。同时，应急采购的供应商往往不是单一的某个生产或销售单位，这是因为应急采购的对象不一定是某种特殊商品，除极个别事关国家安全的商品以外，绝大部分市场商品都会由多个供应商同时提供，实际上，这又为应急采购的最后选择制造了一个难题。

（4）采购程序的高效性。应急采购时间紧、任务重、标准高，在程序上能简则简，在采购方式上更加灵活，如采购资金可以延迟支付等。

（5）采购目的的弱经济性。应急采购主要是援助处理自然灾害或公共安全等社会性事件的任务，因此，应急采购既要遵循市场经济活动中的供求规律、价值规律和竞争规律，节约采购成本，更要按照效率优先的原则，将应急救援放在首位，平时所遵循的“节支第一”的经济性原则不再是采购活动的中心。

(6) 采购方法多变，采购行为规范化。由于应急采购活动时间的紧迫性，采购部门会根据采购时限的要求有选择地利用相应的采购方式。但近年来，我国采购法规建设的加强，如《政府采购法》和《招标投标法》等法规的出台，一方面加强了采购活动的规范性，提高了采购活动的透明度，另一方面也可能僵化了采购模式，迟滞了采购活动的开展。应急物流采购的这些特点迫使政府必须考虑与企业建立长期的合作关系，严格执行国家有关政府采购的法律法规，坚持公开、公平、公正的原则，实行公开招标采购。对于一般性的自然灾害，其产品需求的目录相对稳定，可以对供应商进行筛选，健全现有的储备制度，制定严格明细的标准，提高要求，与应急物资的储备相配合。在进行应急物资采购时，应开辟多种渠道，保证物资的质量，在紧急状态下可以先征用，后补偿。

应急采购任务的特点决定了其工作流程必须与平时采购有所区别，应本着灵活、简便、快速、高效的原则，对采购工作环节进行必要的精简。大致可以把整个应急采购工作流程划分为三个主要的阶段：一是受领任务阶段。采购机构接到任务后迅速启动应急采购机制，确定应急物资的需求、缺口，并制订相应的应急采购计划。二是组织实施采购阶段。这一阶段的工作由采购组组织实施，可视情况精简采购实施文件、中标供应商，或取消报上级有关部门审查合同草案的手续。紧急情况下可先采取口头协议的方式组织供货，事后补签书面合同。需要应急生产的，应及时派人驻厂督促生产，并抓好出厂质量验收工作。三是后续阶段。及时办理合同补签、经费结算手续，总结报告应急物资采购任务完成情况，进行反馈和台账完善。

一旦有突发事件发生，就产生采购需求，那么就应该马上启动应急机制，根据应急物资采购预案组织机构，部署具体实施方案，拟制采购计划，分配应急物资采购任务。

（二）应急物资采购的策略

应急决策人员在进行应急物资需求分类决策时通常考虑的因素有应急物资的风险程度、应急物资的影响程度和应急物资的机会等。出于对突发事件应对方式的不同，以及突发事件性质的变化，应急物资的级别也在发生着变化。

可以把应急物资划分为四类，如图 6－3 所示。

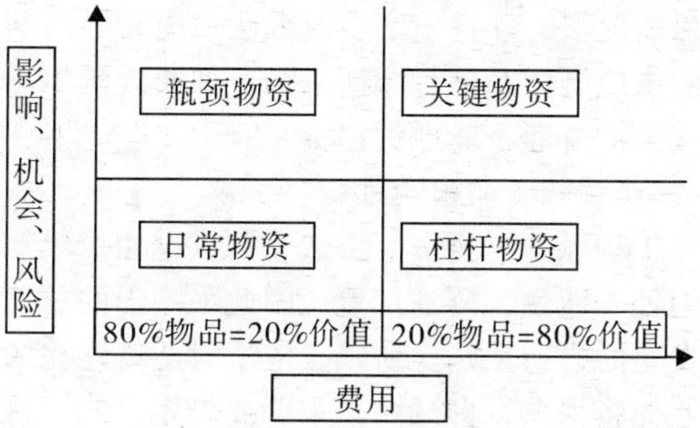

图 6－3　应急物资分类

第一类是日常物资：这类应急物资的风险低，采购成本也比较低，属于常规物资，基本上是标准化的物资，供应比较充足，可选择的供应商数量也很多。比如环保处理设备、工程建材、照明设备以及一些方便食品、衣物等物资。

第二类是瓶颈物资：这类物资风险程度很大，虽然采购的成本相对比较低，但是在应急物资中还是处于瓶颈的位置。如生命救助类和工程保障类的物资，一旦物资缺乏会造成极其严重的后果。

第三类是杠杆物资：对于工程建设物资和灾后重建类物资，由于风险程度相对较低，但是采购金额较高，这部分物资在应急物资分类模型中处于杠杆的位置，如部分救援运载、防护类物资等。

第四类是关键物资：一般是指那些高风险、高复杂度、高价值的物资，这类物资的供应商一般不是很多，要事先进行采购，所以可以列入采购计划。

要根据不同类别的应急物资的特性来制定相应的应急采购策略。

1. 一般应急物资（日常物资）的采购策略

一般应急物资保存期相对较短，需求也没有办法准确预测，平时无法进行集中采购，也无法进行有效合理的储存，因此大量的临时性紧急采购就会对应急仓库造成巨大的压力，针对这类物资的主要策略如下：

（1）积极争取地方支援。在面临紧急的一般物资需求较大缺口时，积极获得地方企业、组织、团体、个人的捐赠，及时向地方发布灾区所需应急物资的品种和数量，明确接受渠道，积极争取更多的社会资源。对于特大灾害，也应面向国际，争取国际援助。印度洋海啸和地震发生后，世界各国和地区先后为灾区捐款 34 亿美元，捐助物资达 2 000 余吨，承诺捐助的国家和国际组织有 50 多个。

（2）与本区域范围内的相关生产企业建立合作协议，将企业纳入应急采购体系中，一旦发生应急事件，企业可以快速开展生产，满足需求。

（3）可以将本区域范围内的流通企业，如大型超市、商场等纳入应急物资供应体系中，在紧急情况下，一旦生产企业无法在短时间内满足需求，可以依靠大型连锁流通企业的供应链体系进行短期采购，如通过沃尔玛的供应链进行紧急采购，甚至可以直接采购流通企业中的物资。

2. 预防采购——瓶颈物资的采购策略

对于生命救助和工程保障类物资，虽然采购成本相对较低，但由于风险程度较大，在采购模型中处于瓶颈物资的位置，因此采购中的总策略是保持库存，在危机或灾害还没有发生时进行采购。所以，应适时适地建立应急物资储备与配送中心。但同时应做好储备采购，即预防性采购或事先采购，这种应急储备采购和一般的储备采购不尽相同，它不仅储备物资，也储备生产能力。

3. 市场采购——杠杆物资或关键物资的采购策略

对于工程建设、灾后重建以及救援运载、防护类物资，由于采购金额较高，这部分物资在物品采购模型中处于杠杆物资或关键物资的位置。因此，通过市场采购（主要是政府采购）的方式，一方面可以保证物资的可获得性，另一方面能有效降低采购成本。应急物资市场采购（政府采购）以公开招标为主，但是在紧急情况下，竞争性谈判、询价采购和单一来源采购更为合适，另外还可以以协议采购、邀请招标和定点采购的方式进行市场采购。

对于工程机械类物品，如挖掘机、运输工具等，则不能采取和其他物资一样的采购和储备方式，这类物资本身具有较高的价值，生产周期较长，且需要专业人员进行操作，因此既无法像帐篷之类进行常规采购并储备，也无法和食品一样进行临时采购，因而可以采用租赁方式，向本行政区域内拥有该类型设备的企业租借，或者动员企业提供支援。

应急物资采购方式具有非常规性的特点，如在抗“非典”应急采购中，实行的是“先生产再补签合同”的方式；美军对应急采购方式有明确的规定，10万美元以下的采取“简化采购方式”，10万美元以上的通常采用谈判采购方式，需求特别紧急时，则从有限数量的供应商中采购，不进行全面和公开的竞争。因此，物资应急采购除了可采用书面征询、集中竞价等常规采购方式外，还可采取口头征询、分别议价等方式，并实行全程监督，以适应和满足应急采购快速、高效的要求。

（三）应急采购中的电子采购

互联网的普及与电子商务的兴起，使电子采购成为越来越多的企业降低采购成本的一个重要手段，在信息化时代，同样也可以通过网络电子商务来实现应急物资采购。

电子商务为应急采购提供了一个很好的平台。通过电子商务平台，采购管理者可以获得丰富的物资信息，包括价格信息和质量信息。通过招标或者询价比较以及供应商信誉，可以确定最优供应商。同时要签订电子商务交易合约，明确价格和质量标准。

在传统的采购活动中，采购方与供应商往往是在进行一种信息不对称状态下的博弈，结果导致“赢者灾难”，即供应商为了取得供应权而受损。这种情况必然会给采购工作带来许多后遗症。因此，要在应急采购中建立合作伙伴关系，信息互动与沟通是首要问题。必要的信息交流有助于降低双方的不信任度，从而减少投机行为，更好地满足应急采购对时效和质量的高要求。应急采购中使用电子采购，采购双方可以在网上通过电子商务平台实时传递和交流应急物资供应信息，可以大幅度提高供需双方的信息沟通速度。电子采购询价、报价、比价的过程均在网上进行，通过高速互联网的信息传递，大大节约了救灾物资采购的时间。时间因素在应急事件的处理救援中是相当关键的，采购时间越短，救灾的效率越高。

一旦有突发事件发生，采购需求就随之产生，那么就应该马上启动应急机制，根据应急物资采购预案组织机构，部署具体实施方案，拟制采购计划，分配应急物资的采购任务。

阅读材料 6.3

困境：物流联运短路之谜

物流联运，通俗来说就是多种运输方式连贯运行：一次托运、一次计算、一票到底，最终实现“门到门”的全程供应链服务。但是，目前国内 80% 以上的货物运输仍然仅仅依赖公路，而陆运、水运、空运之间的联网运输能力很差，这是导致物流成本居高不下的重要原因之一。

老徐是上海一家物流公司的卡车司机，每天都要跑一两趟洋山港拉货。老徐现在开的这辆车是他花了十几年来开卡车的积蓄购买的，现在挂靠在一家物流公司旗下，老徐每天通过接单跑运输来养家。这天中午，老徐接到一个任务，要去洋山港拉个集装箱回市区。老徐说：“到洋山港一百多公里吧，我从五洲大道过来的，一百多公里（单程）。”

从接到这单活，老徐就忙着打电话给货代公司，想再联系一个集装箱拉到洋山港，免得要空车跑去港口。但是打了不少电话，老徐依然没有联系到业务。上海宏利国际物流有限公司总经理沈丽庆也帮不上忙，她告诉老徐：“因为现在很多车辆的配载系统没有想象中的那样可以满载，无法实现重车进港区，提重箱回仓库，一般 40% 的车辆都是空载过来，实际上真正能够做到重车进、重车出的只有60%左右。”没有联系到可以拉到洋山港的业务，老徐只好空车前往洋山港。他算了一笔账：“我们这里100公里是42个油，我们回到浦西去，来回有250~260公里，油费要500~600元吧。”

洋山港和上海市区之间没有火车，这条公路是老徐唯一可走的路，他这一个来回下来，要花费5个小时，跑250~260公里，光油费就要500~600元，沿途还要缴纳过路费。在沪芦高速公路康桥收费站，老徐缴纳了一笔过路费55元，虽然从市内到港口只有这个收费站，但来回一趟过路费就要110元，加上油费，老徐的成本至少要700元钱。跑这一趟，老徐根本赚不了钱。老徐说：“这个箱子12吨，怎么只拉一个箱子？因为再拉一个就超重了，超重了警察就罚款，罚200元，还要记分。这一趟200元没什么利润，就算不罚款也没什么利润。我拉这一个小柜啊，就是600元钱，有柜子的话还能挣点。”

在上海洋山港卸载8 000个标准集装箱拉回市区，同时从市区装载8 000个标准集装箱到洋山港出口，那就需要老徐这样的卡车来回跑上1.6万趟，需要花费的油费高达960万元，过路过桥费高达176万元。

上海元初国际物流有限公司董事、总经理黄影明说：“卡车司机跑洋山港意义大吗？我们能不能现在市场化，大公司和小公司纵向联合开展水路运输？比如说，跑洋山港，本来就不应该用卡车来运，而我们硬要用卡车来运，做到后来成本太高，或者做不下来。”

通过船舶水水中转或者水铁联运，运输成本至少能降低20%，但是因为规划原因，目前洋山港还没有开通铁路，水水中转的比例也只有43.1%。黄影明强调：“如果铁路、水运能够在洋山港衔接起来，那发展起来肯定不得了。”

上海洋山港是世界上唯一建在外海岛屿上的离岸式集装箱码头，为了让它与内陆腹地紧紧相连，2002年，在洋山港开工建设的同时，一座32.5公里长的跨海大桥也浮上了海面，它是我国第一座真正意义上的跨海大桥。然而，问题也出在这个桥上，由于当初规划时，这座跨海大桥没有建设成公路、铁路两用桥，目前，集装箱从码头卸货后，只能借助卡车一个个拉走。而现在发达国家一般都是吸引更多的集装箱上铁路来运输，公路只是短途配送。实际上，长距离进行公路集装箱运输不仅成本高，也很不环保。中国交通运输协会联运分会秘书长李牧原表示：“我们做过一些研究，比如从洋山港运一个40英尺的集装箱到500公里这样一个距离，我们用铁路和公路的每公里的运价来比，公路是铁路运价的4~5倍。我们国家港口急疏港的运输方式主要是通过公路，公路运输占了84%，水运占了14%，也就是说，江海联运占了14%，剩下2%只能通过铁路来运输，这里面铁路的能力不配套是最主要、最突出的问题。”

有港口的地方，通常都应该有铁路线，集装箱一下船就上铁路，这种海铁联运的方式在国外非常普遍。目前发达国家港口和铁路衔接配合的运输比例通常都在30%左右，高的像美国甚至能达到40%，就连印度，海铁联运也达到了25%。而中国作为世界贸易大国，在全世界前20名港口中，有9个港口在我们国家，港口集装箱吞吐量也名列世界前茅。但是，2%左右的海铁联运比例与之极不匹配。我国是以出口加工型经济为主导的，在参与全球贸易中，海铁联运将扮演一个大通道、主动脉的重要角色，所以发展海铁联运意义重大。

我国港口每年集装箱吞吐量大约为1.2亿标准箱，80%以上都是靠公路运输来实现的。这种高成本、高能耗的运输方式，使得整个经济运行效率和质量受到影响。北京交通大学交通运输学院副教授张晓东说："第六代集装箱船能够拉集装箱1万多个，得用1万多辆公路的拖车才能把船上的这些箱子给卸下来，并且运到周边所需要的地区。那是个什么样的场面？而通过铁路，如果能够实现的话，一列车拉的远比公路要多，几列车就可以输送走了。所以从效率来看，从长远来看，海铁联运有利于提高联运效率，有利于增强运输和物流效率。"

港口与铁路的衔接不到位是制约海铁联运发展的直接原因。据不完全统计，国内像上海洋山港这样没有铁路衔接的港口占到95%，目前只有大连港、宁波港等极少数港口实现了港口与铁路的无缝对接。目前很多港口，集装箱装卸线、存车线、列车的编发线没有深入到港口码头腹地作业区，而是在外围。这导致大量的公路短泊，使得海铁联运效率大打折扣，经济成本优势不明显。

一、大连港海铁联运仅1/10　货物运输主要靠公路

因为上海的洋山港与市区之间没有铁路连接，货车司机老徐不得不频繁进出港口。铁路的缺失让洋山港的货物绝大部分只能通过像老徐这样的货车司机如同蚂蚁搬家一样辛苦地跑来跑去，这种高成本的运输方式，导致整个物流成本大大提高。目前我国只有大连港、宁波港等极少数港口实现了港口与铁路的无缝对接。那么大连港又是什么样的一番景象呢？

大连港位于辽东半岛南端的大连湾内，是东北地区最重要的综合性外贸口岸。据了解，目前大连港是国内最大而且能够实现"港前站"模式的港口型中心站，铁路线已经延伸到了这里的一、二、三期集装箱码头。沿着这条铁路线到达大连港二期码头，这里正在进行装卸作业。大连港集装箱发展有限公司的副总经理曲伟介绍说："这个集装箱拉的货是沈阳华辰宝马刚刚进口的汽车零部件。现在正好在大连到沈阳这条集装箱班列上装车，这条班列装满之后，就开到我们沈阳的集装箱内陆港，到了内陆港之后，再送到客户的工厂。"这一列火车的卸车和装车作业是同时进行的，无论是经海运进港的货物，还是经铁路运进的出港货物，都可以在这里实现无缝对接。货船靠港码头距离铁路装卸线仅仅三四百米的距离，像这样一艘大船靠港之后，经由一辆辆拖车将集装箱运到了这里的港口堆场，报完关之后就可以直接装火车了。

在大连港，由于铁路直接修到港口，使得报关、装货、卸货几乎都能同时进行，这大大提高了运输效率，同时也降低了运输成本。照这样说，海铁联运应该是当地的主导运输方式，但是在当地出现了一个奇怪的现象：在大连港，海铁联运只占到了货物运输总量的10%，有30%～40%的运输量靠海路之间运输，剩下60%～70%的运输量依然靠海路和公路联运。这说明，公路运输依然是主要的运输途径。

二、联运成本赶上公路　联运遭遇“肠梗阻”

在大连港，由于铁路直接修到港口，使得报关、装货、卸货几乎都能同时进行，这大大提高了运输效率，同时也降低了运输成本。按说海铁联运应该是当地的主导运输方式，但事实是公路运输依然是主要的运输途径。为什么会出现这样的现象呢?

以中床国际物流公司位于大连港港区的一家分公司为例，这家公司承担着长春一汽进口汽车零配件的配送工作。从大连到长春约700公里，一个载重的标准集装箱，经由公路从大连港运输到长春成本会是多少呢？5月7日下午3点，从货场装好货后，公司的货车启程出发。司机周洪东在大连到长春的这条运输路线上每月至少运送六七趟，多的时候达十二三趟。

周洪东介绍说，这次配送的货物是刚刚从日本到港的汽车变速箱，重量是26吨。从大连到长春一路都是高速，如果不出意外的话，大概10个小时就可以到达长春。他这个车油耗是36～37个油。5月7日晚10点，货车到达了辽宁和吉林省交界的毛家店收费站，这里等待缴费的货车排起了长队。大约10分钟后，周洪东缴费595元过关。进入吉林省地界，已经是晚上11点多，路况开始变得不太好，司机也非常疲劳，他决定休息一下再走。

5月8日早上9点，到达高速公路长春南出口，这是最后一个收费站，收费130元。5月8日上午10点，到达位于长春经济开发区的中床国际物流公司长春分公司，经过简单的验货手续后，货物被直接送到了距离这里约3公里的一汽工厂。粗略估算，不考虑休息时间，这一车货从大连港到长春工厂，实际花费的时间大约是10个小时，运输费用在4 000元左右。周洪东强调，这还是单程的成本，如果回程没有合适的配货，这一趟不仅白跑，可能还要亏损两三千元。

从2009年开始，柴油涨价，运费上升，中床国际物流公司的成本到2010年增加了800多万。2009年的毛利润还能有30%，但是到2010年毛利润只有不到10%。“如果我们成本控制不好，整个保本都保不上。我们去年一共300台车，现在已经停了80台。一些原来我们认为可能有利润空间，可以赚钱的项目，现在已经赔钱了，没法再进行下去了。”公司运营经理林上涵说。他算过一笔账，一个40英尺的国际标准集装箱，通过公路从大连港重载运到长春，费用大概是4 000元，而铁路运输费用只需要2 800元，减少1 200元，节省20% ~30%。如果按照这家物流企业每年2万个标准集装箱的运输量计算，每年节省的成本高达2 400万元。那么，既然公路运输利润微薄，这家公司为什么不选择海铁联运这种成本相对较低的运输方式，将集装箱从大连港口直接通过铁路运到长春呢？林上涵说："如果大连港运到长春，集装箱运过来，火车最快也得3天。700多公里的距离，为什么需要3天？就是因为不能马上发货。比如说，一汽今天有两个集装箱等着急用，必须马上运过去，海铁联运做不到这一点，他不能为两个箱子发一列专列，需要等60个箱子凑齐的时候才发一列专列。"可见铁路运输灵活性差，像中床国际物流这样的公司选择公路运输也是无奈之举。

在国际上，铁路比公路便宜20% ~30%，水路比公路便宜2/3，联运是运输成本最低的一种方式。但是大连港海铁联运有时价格反而比公路还要高，这似乎有悖常理。问题到底出在哪里？

5月12日下午，在大连港二期码头，塔吊正在把一批集装箱装上火车，这批货是当晚要发往长春的。大连集益物流有限公司运营总监窦广鹏说："这个货我们今天打算发到长春东，我们这个业务实际来说整票是50多个集装箱，这是其中的一票，现在是33个集装箱。也就是说这33个集装箱是先到长春，后面还会有一列车皮跟它汇合。"

从大连港发货到长春市，主要有铁路运输和长春内陆港到市区的汽车短道两个环节。窦广鹏是这批货铁路运输部分的代理商，负责找到车皮并凑够一定数量的货发到长春，从大连到长春并不是每天都走班列。他这个环节的主要成本是塔吊装卸和铁路运费，货物在港内存放只要不超过3天就不会有存储费用，所以正常情况下一个集装箱的铁路运输费用将近3 000元，考虑内陆的短道，总费用不超过4 000元。

从大连港到长春内陆港大概有700多公里的距离，一个集装箱铁路运费是3 000元左右，而从长春的内陆港到市区的路程只有几公里至十几公里，也就是窦广鹏说的短道，费用却将近1 000元。为什么短道费用这么高呢？在长春内陆港存放着从大连港海铁联运过来的集装箱。正在提货装载建材的货车司机沐师傅跑长春港到市区短道线路已经有六七年了，他说市内短道的费用是按趟收费，给货主卸完货之后还要把空箱子运回长春内陆港，不搭载任何货物。这样往返一趟，价格在500元左右，也就是说，一个标准集装箱市内运输只有几公里，费用却达到500多元，而运输公司并没有从中获得太高的利润。

虽然铁路运输费用便宜，但是短道运输不便宜，加在一起的价格跟公路运输相差不多。货物以海铁联运的方式从大连港到长春市区，除去一级货运代理商的利润，货主花费了3 500元，包括铁路运输部分的3 000元，以及长春市内的运输费500元。这个数字和公路运输所花费的4 000元相比，只少了500元。联运的成本优势并不明显。

目前，联运业务占运输业务总量的比例不高。一方面是因为联运成本优势不明显，另一方面，从货主的意愿来看，货主进口货物需求时多时少，而铁路货运在时间和货物量上不能和客户的需求匹配，所以他们更愿意选择相对灵活的公路运输。

中床国际物流公司的林上涵说："以单程来算，铁路费用要稍低一些，从运费角度来说是低，但是从工厂的角度来看，库存压力会很大，可能为了满足生产，它要备100~200个集装箱，单个集装箱的货值是几十万美元，这样可能涉及数千万美元资金的占用。"

考虑到铁路运力不足以及灵活性差等因素，很多像中床国际这样的物流公司不得不选择公路运输。而且很多时候，货物从大连港经铁路运到内陆腹地之后，还需要公路短道才能将货物运到目的地，多次的卸货倒货，势必导致成本上升。有一些内陆港，包括铁路的一些内陆的站点，有的把拖车业务外包给车队，有的由铁路自己来做，这些方式跟其他的一些纯公路运输方式相比，它的价格比较高。短道这一段抵消掉了在铁路线上运输这一段的价格优势，所以联运方式在价格上跟纯公路运输相比，优势并不明显。

三、水路、公路、铁路、航空各自为政　联运缺乏合作机制

明明铁路和港口连着，明知道铁路运输成本会减少20%~30%，但是很多物流公司依然选择公路运输，原因就在于铁路无法做到像公路运输那样灵活。货少了不运，货急了运不了，这让等米下锅、想尽量减少库存的企业根本无法接受，企业不得不选择运费高昂的公路运输。目前我国海运和铁路的联合运输量占港口集装箱吞吐量的比重不到5%，而欧美国家海铁联运的比重能达到40%左右。

据了解，我国铁路供需矛盾一直比较突出。近年来，我国铁路90%的货运能力都被用来保障煤炭、石油、粮食、化肥、农药等重点物资运输，对发展快捷货运力不从心。在发达国家，集装箱铁路运输货运量占铁路运输总货运量的比重为30%~50%，而我们国家仅占不到5%。运力不足成为制约集装箱铁路运输的主要瓶颈。北京交通大学教授张晓东说："目前铁路系统请求铁路运输的信息一天大概28万多条，这就是货车的需求，而目前铁路从调度指挥挖潜提效，从结果来看只能满足1/3。"

正是因为运能有限，铁路班期须达到一定货量之后才能发送，而轮船公司也有固定班期。因此，铁路运输灵活性差的短处就凸显出来。张晓东说："有限的

铁路运能，要求铁路编组达到一定辆数，比如43辆，或者45辆，达不到规定条件就不发车。这样一来，铁路运输时效性就弱。”

相比铁路，公路运输量少且载货灵活，货物送到目的地后，回程相对容易配到货物，这样重去重回的话，成本就要降低很多，而铁路很难做到这一点。所以，有时候，联运的价格甚至超过公路运输。以东北为例，东北是出口资源性商品比较多的地区，简单说就是出口大于进口。出口时需要很多的箱源，假设需要从大连调空箱装货再重箱回到大连，这样空去重回，成本相对来讲比公路高。

通常情况下，500公里以上的路程，铁路运输成本相比公路占有优势，运输距离越长，铁路成本优势越明显。而目前的客观状况是，国内各种物流资源的配置不合理，以及地域经济发展的不平衡、信息不对称等因素，迫使人们普遍使用公路运输方式。货运的不稳定，重箱、空箱流向的不匹配也导致有时候铁路比公路运输成本还高。

张晓东认为，运输部门之间缺乏协调配合，水路、公路、铁路、航空以及港口分属不同部门管理，各有各的经营模式，各有各的利益诉求，很难有大家都认同的合作机制。这也是制约海铁联运发展的一个重要因素。因此，在固定的共同空间里，必要的合理利益如何划分，有没有一个有效的机制去实现它，都是急需解决的问题。如果这个问题谈不好，联合和合作都是空谈。

（资料来源：中央电视台财经频道《经济半小时》“物流顽症”系列报道）

第三节　信息技术的应用

一、应用信息技术的必要性

在应对各类重大突发公共事件实践中，我国已经具备了一定的应急物资保障能力，但第一时间的应急物资保障总体上还难以实现。究其原因，主要是应急物流体系建设严重滞后，尤其是应急物流体系中各系统之间的信息交换和协调亟待完善。因此，通过提升应急物流各系统间的信息交流和互相协调来搭建一个紧密合作、反应灵活的应急物流体系势在必行。

应急物流系统要具有快速反应的能力、良好的开放性和重构性，能够根据具体情况迅速地构成或重组体系，并且能够将任何社会团体、应急仓库或政府部门纳入应急物流体系中，使系统的每一个环节紧密衔接，从而使信息能够通畅传递和共享。信息的有效传递，是应急物流建设很重要的一部分。

在现有的应急物流的组织体系中，整个系统可分为三个子系统：一是以政府为主导的系统，二是以应急仓库为主导的系统，三是相关运输部门的组织系统。这三个系统难免各自为政、缺乏沟通，在应急救援的初期或许能够有一定的效用，但是当救援物资大面积扩展的时候，其局限性立即就显现出来了。应急物流的无序性、盲目性降低了应急物流的有效性，一些急需物资的地方只有少量的应急物资到达，而另外一些受灾程度相对较低的地方却堆积了大量的救援物资，使得救援物资的结构不合理。这些问题都是由于各系统之间缺乏充分的沟通和统一的协调指挥引起的。

二、应急物资储备系统要进行信息化管理

应急物流需求的事后选择性决定了一个高效率的应急物资信息系统和应急运输工具信息系统应该成为应急物流系统的组成部分。

应急物资储备系统建设必须注重采用现代管理技术和方法，坚持建管并重，以管促建，实现建设效率和效益的最大化。特别要运用现代信息技术和仓储理论，建立科学的需求预测机制、及时的应急响应机制和灵活的调节控制机制，提高应急物资供应保障的反应速度；运用先进的物资包装和 RFID、GIS、GPS 等技术手段，进一步加强应急物资的活性建设，实现物资的全程可视可控；强化应急物资储备基础配套建设，统一编制应急物资编码，实施标准化管理，为信息化管理创造有利条件。图 6－4 为采用 GPS 系统的示意图。

图 6－4 采用 GPS 系统的示意图

三、加强应急物流信息系统的建设

应急物流信息系统是应急物流系统的一个子系统，由于自然灾害、突发公共卫生事件以及局部军事战争的不确定性，对于应急物流系统来说，信息的有效获得和传递具有核心意义。应急物流信息系统的目标是配合应急管理的全过程，应用信息技术，实现大面积的、跨专业和部门的信息资源、处理资源与通信资源的

实时调度，使应急管理过程更加科学化和可视化。

（一）建设应急物流信息系统的紧迫性

突发事件的发生对应急物流系统的要求越高，对应急信息处理能力的要求也就越高。高效率的信息传递可以使应急物流的效率大幅度提高，并尽可能地降低损失。在整个应急物流系统的操作流程中都需要应急信息系统为其及时提供准确且尽可能完整的信息，并能对信息进行科学管理和分析，为动态决策提供辅助信息。应急物流信息系统贯穿应急物流系统活动的始终。

世界发达国家应急系统最显著的特征之一就是高度信息化。GPS、GIS、RFID 普遍应用于应急物流的管理，对救灾物资的运输过程进行控制和调度。

目前，我国的应急物流信息化程度偏低，难以满足应对紧急状态的要求，主要表现在五个环节：①应急物资需求预测环节。灾害发生时，救灾部门无法在第一时间得到灾区的详细信息，同时随着救援活动的进行，灾区对应急物资的需求量不断地变化，但无法及时反馈这些信息，导致救灾部门无法准确把握应急物资需求量的变化。②应急物资采购环节。由于采购活动开展的紧迫性和对应急物资的高要求，采购部门必须在短时间内收集大量物资供应商的信息进行筛选，但由于信息不对称，很难制订科学的采购方案。③应急物资仓库管理环节。物资储备管理落后，设备机械化水平较低，存储的救灾物资信息不完整，难以对应急物资进行有效管理和优化配置。④应急物资调配环节。各应急地点和物资供应点的需求信息不明，应急运输衔接不畅，地方政府只是了解本辖区内应急运输情况，对运输工具的基本信息收集不足，缺乏统一的规划，往往会出现重复配送和应急物资分配不均匀等问题。⑤应急物资的回收环节。灾后应急救灾点剩余的救灾物资，不管是否用过，分布都是比较分散的。由于信息不足，政府部门难以集中力量进行回收和处理。

目前我国还没有全国统一的应急物流信息平台，虽然有关部门正在筹建全国联网的信息平台，但仍只局限于本部门内部的数据联网，与其他部门和机构缺乏联系与统一，以致在遇到突发灾害需要应急救援时，运输救灾物资的部门各自为政，灾区不同地区什么物资短缺、什么物资过剩，这些信息既不能共享也不透明，甚至出现了部分区域救灾队伍没有足够的食物，部分区域却因投放的救灾食品过多而无处存放等现象。

因此，建设反应灵敏、功能强大、适应性强、可扩展性强的应急物流信息系统是当务之急。

（二）应急物流信息平台的建设

2010 年中国物流与采购联合会应急物流专业委员会（以下简称“应急物流专委会”）的官方网站——中国应急物流网已经正式开通，目前正致力于应急物流指挥平台的研究和开发。应急物流信息平台是应急管理信息平台的一个子系统，它配合应急物流管理的全过程，以公共安全科技为核心，以信息技术为支撑，及时掌控灾情信息和救灾物资需求，实时控制应急物流，精确投送应急物资，并实现不同主体间的协同合作，是提高应急物流指挥决策的及时性和有效性，实现应急物流运作过程科学化和可视化的技术保障系统。

1. 目前存在的问题

（1）应急物流信息化建设无标准可依。应急物流信息涉及面广，不同行业不同部门的数据格式要求不一，目前应急物流专委会的应急物流国家标准体系已将应急物流信息化标准列为重点项目，即将着手规划和制定。

（2）应急物流信息化缺乏法律法规支持。目前虽然政府自上而下有了相应的应急管理机构，但由于这些政府机构中没有专门的物流管理部门来负责，发生突发事件时只能分头协调，从而出现了信息不对称、物资投放不科学的现象。

（3）应急物流信息化缺乏物流基础数据。目前国内物流信息化发展还很不均衡，许多单位和部门尚未掌握物流企业、应急物资等，很难满足应急救灾的需要。应急物流信息化必须采用先进的技术手段，逐步实现实时化、动态化，以确保应急指挥的科学有效。

（4）应急物流信息化缺乏专业人才，思想理念相对落后。

2. 应急物流信息平台建设的主要内容

应急物流专委会正在编写起草的国家应急物流发展规划将应急物流信息平台建设工程作为首先关注的重点项目列入应急物流建设。建立应急物流信息平台，是对应急物资和应急物流相关资源实施集中、有效指挥调度的基础。通过建立应急物流信息平台，国家各级应急决策部门可以及时、全面、准确地收集、整理、分析、传输各种应急救灾信息，实时掌握应急事件发展状态，全盘规划，统筹各种物流资源，合理调配，将装备、人员、物资及时运送到最需要和最关键的地方，实现应急物流的通畅有序，提高应急物流领导机构决策的科学性和决策效率，确保应急物流保障的效果。

应急物流信息平台主要包括：应急物流信息中心——提供专家辅助决策服务，收集并向国家应急管理部门汇总报告应急物流信息，动态调度应急物流保障资源并进行监控记录；门户网站——动态发布物流信息和政府法规政策、指令，宣传应急物流新技术和新产品；应急物流资源数据库——收集、整理、挖掘、分析、汇总和统计应急物流相关的物资分布、设施设备、物流生产供应商，以及运输能力、存储收发能力等信息，并综合呈现；应急物流企业队伍管理信息中心——对应急物流企业评估认证实施网上管理。

应急管理的各种数据经过抽取、净化和选择后，被保存在数据库中。应急管理部门根据救灾需要，采用不同的分析工具来获取各种类型的信息，并解释和表达成不同的知识和模式，用于辅助决策。整个数据库是应急物流信息系统的基础，支撑着应急物流信息系统的各个子系统。基于数据库的应急物流信息系统进行复杂计算、趋势分析、差异分析、关联规则总结等，为应急指挥决策人员随时提供准确的信息。同时实现数据的提炼，帮助决策者从大量的综合数据中抽取对决策有用的信息，并以可视化技术加以显示。

借助应急物流信息平台连接各省、各部门、各重点企业和社会的应急物流信息资源及其他系统资源，实现应急物流信息平台和应急物流体系其他平台之间的对接，实现应急物流信息平台不同层次、同一层次不同部门间的业务协同和信息共享，各平台、各层次、各部门之间的信息都以统一格式标准或规范进行传递，保证应急情况下信息传递的及时性和准确性。

3. *应急物流信息平台建设的定位与方向*

应急物流通常是国家或者社会非营利性机构组织的社会活动，整个过程大都是在社会大环境中完成的，其信息系统建设必须以社会公共信息平台为基础。同时，应急物流是临时性的行为，单纯建立专门为应急物流服务的信息系统既不经济也没必要，应急物流信息系统的建设必须依托于社会现有力量。

另外，高效的物流必然要走专业化道路，相应的信息保障应交给社会上的专业机构去处理，这是建设应急物流信息平台的基本原则。以往的应急物流往往是高成本甚至是不计成本地运作，但这并不是应急物流的本质属性，物流的本质追求是降低成本、提高效率。因此，设计规划应急物流信息平台时也应贯穿经济性的理念，通过这个信息平台，合理调配应急物资和各种资源，并通过信息平台的挖掘，参考国外先进经验，开发应急物流相关的新设备、新产品，拓展和完善应急物流产品线，形成应急物流产业链，推动国家的应急事业建设和发展。

应急物流信息平台平时作为现代物流公共信息平台的有机组成部分，为社会经济发展建设服务；应急时则既可作为应急物流指挥调度系统独立运行，也可接受应急管理体系的统一调度指挥。通过数据库共享等技术手段，为应急管理平台提供准确实时的物流信息，便于政府主管部门科学决策；也可作为独立的指挥调度平台，为应急物流系统高效运作提供支持。

应急物流信息平台的建设模式应按照政府主导支持、市场运作经营的模式，由政府主管部门论证出台相应的政策措施和标准规范，以适当地减免税收等手段鼓励和引导系统开发商、运营商按照市场价值规律运营和维护区域信息平台，政府部门通过标准、政策，对应急物流公共信息平台的运作进行必要的约束和规范。

应急物流信息系统建设的中心工作主要有：①加强基础信息建设。一是建立高效的物流信息网络，依托社会公共信息平台，建立综合指挥网、运输信息网、仓储信息网等。二是推进信息标准化建设，统一物资代码、规范文件传输格式。三是建立和完善基础数据库，将道路、企业、人才等详细数据收录其中，并进行实时更新。②建立完善的应急预案。总结以往的经验教训，建立和完善应急物流的信息保障预案，要充分考虑各种可能性，力求预案具有较强的科学性和可操作性。③培养物流信息人才。要有计划、有步骤地进行人员培训，培养物流信息人才。

应急物流信息系统是连续运作的。平时，能根据国家的政策法规，组织应急物资供应商和运输商等加盟，实施信息发布和组织管理工作；通过网络将全国的物资储备仓库连接起来，实时管理应急物资的信息；通过对数据库中的历史数据进行组织管理和分析，得出各种灾害与对应的应急物资和应急救灾活动的联系等。灾时，能够预测其强度、破坏程度等；及时更新灾害动态，使各部门和企业随时掌握灾区的动态变化及应急物资的调配情况，使应急指挥中心灵活协调各政府部门之间的工作；还可抽调各应急物资供应商，保证以最快的速度和最低的成本进行应急采购，从而降低应急物流的总成本。

4. 加强 GIS 与 GPS 等信息技术的应用

GIS 作为一个基础地理信息平台，已经在军事、国土、规划、旅游等许多部门得到了比较广泛的应用，主要源于其技术上的优势。它以空间地理信息为基础，以先进的计算机技术、信息技术以及信息管理技术为主要技术手段，这使得它能够很好地实现空间定位，包括点状地物定位、路径定位等，在交通运输方面有着重要的实用价值，而通信技术、网络技术等多种信息技术手段的综合运用，先进的信息管理技术，又使其具备了良好的实时性和安全性。GPS 在卫星定位、车辆导航方面的应用已比较成熟。从 GPS 本身的技术体系来说，在车辆定位方面有着得天独厚的优势。

在应急物流中，尤其是区域性地质灾害等自然灾害以及军事战争区域引发的应急物流中，交通环境受到很大影响。如在“5·12”汶川大地震中，由于地震的影响导致震区地形地貌发生很大改变，许多道路堵塞或消失，峡谷变成了湖泊，按原有的预案路线进行物流活动已不可能，此时可以利用 GIS 和 GPS 即时了解震区的交通状况，这对于提高物流效率有着非常重要的意义。在“5·12”汶川大地震中，我国自主建立的北斗导航系统起到了非常重要的作用。

构建应急物流系统的技术支持平台，建立应急物资信息系统或数据库、应急物流运载工具信息系统或数据库、应急物流预案数据库，构筑应急运输方案自动生成的应急物资运输调度平台，以及基于 GPS、GIS 的应急物资运输监控平台，将 GPS、GIS 应用于应急物流中，利用 GPS 的定位导航技术，可以对灾区建筑物破坏的地方进行位置定位，实现现场调查人员与救援指挥中心的信息获取。采用 GIS 的空间分析和可视化功能，能方便地分析任何区域的宏观社会经济数据、人口分布和密度，以及医疗卫生、警力、道路交通灯的分布情况。GPS 与 GIS 的技术结合被应用于应急物资调度中，主要是采用 GIS 电子地图与 GPS 的实时定位技术，对配送路网、车辆所在位置和存在状态进行分析与管理。

阅读材料 6.4

嘉兴电力局建设智能化应急物资储备仓库

2011 年 2 月 16 日，在浙江嘉兴电力局物资储备仓库内，工作人员按下键盘，系统进行电子标签扫描，处理物资出库数据。货物还在运送途中，货物出库信息就已到达目的地王江泾营业所的物料小库系统。这批物料将用于王江泾镇北荷路唐家村台区维修。当日，物料的使用情况将导入系统，形成工单的闭环管理。

目前，嘉兴电力局应急物资储备仓库已覆盖到基层供电营业所的物料小库，实现了大库与小库之间的远程联网。物联网技术应用是嘉兴电力局建设智能化仓库的一大亮点。

嘉兴电力局应急物资储备仓库是华东地区唯一的应急储备仓库，是国家电网公司系统六个应急储备仓库之一。该库占地面积 14 400 平方米，是国家电网公司首个投入运营的储备仓库。

该库承担着华东地区乃至国家电网公司系统抢险救灾时所需的应急物资调配，同时，还承担着嘉兴电力局日常生产物资的调配和供应。目前，该库获中国仓储协会授予的“五星级仓库”称号。

2010 年底，嘉兴电力局南湖分局、秀洲分局、滨海分局的五个供电营业所实现了与大库联网运行，小库物资原有的申报、验收、入库、保管、领用、退料、废旧物资回收等信息得到了共享。系统可追踪物料从大库流向小库的具体使用情况，方便了小库与小库之间的物料调配和互补。

嘉兴电力局智能化仓储应用物联网技术，实现了自动存储、配送和盘点。当物资入库时，该物资的维护保养周期、标准流程示范等信息自动导入系统，并由系统自动生成维护计划；当接到调拨指令时，系统结合事先录入的各类信息，自动生成所需装载车辆的类型和数量，并启动系统内嵌的 GPS 定位系统，对运输车辆进行实时监控；在定期盘点时，系统会自动统计一定时间内物资的收发情况，并对发生出/入库业务的物资提出盘点要求。

嘉兴电力局物流中心人员表示，今后会将物联网技术更好地应用到小库的日常管理中，增加小库联网的数量，按照“大库指导小库，应急指导日常”的思路，开发物资配送支持系统，创建电力智能化配送型仓库。

（资料来源：刘红，缪雨．嘉兴电力局建设智能化应急物资储备仓库［N］．国家电网报，2011－02－19.）

四、建立应急虚拟物流联盟

突发事件的时间、地点、所需物资种类与数量具有不确定性，为避免有关资源的闲置浪费以及大量库存导致的资金滞留与物资损耗，同时充分利用地方资源，政府可通过应急物流管理中心，结合实际情况，整合现有社会资源，与潜在应急物资的生产企业、流通企业、有关物流企业以及相关社会团体签订协议，构建快捷的信息沟通渠道，在出现突发事件时按协议合理调用有关组织的资源与服务，形成一种虚拟的应急物流联盟。例如，吸纳实力强、信誉好的物流企业进行协同配送，还可以通过物流企业已建立的供应链、连锁网络等组织应急物资投放市场。图 6－5 为应急虚拟物流联盟。

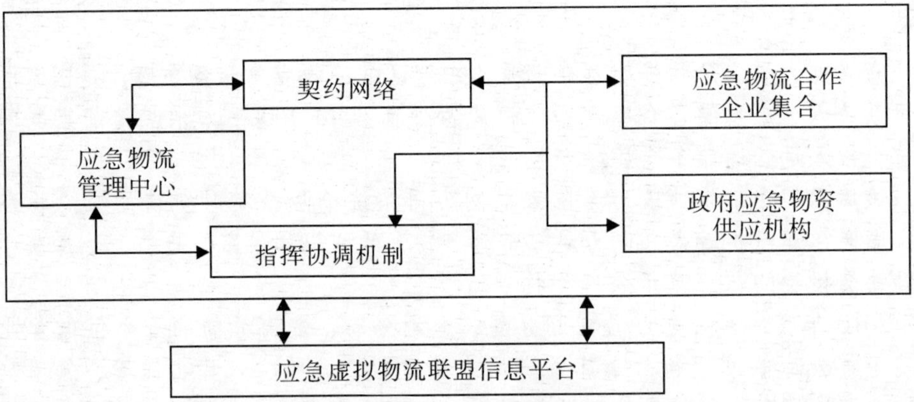

图 6－5 应急虚拟物流联盟

应急虚拟物流联盟的协作遵循以下流程：首先，应急物流管理中心应选择信息化程度较高、综合实力较强的相关企业（团体），签订应急物流服务合作协议，明确应急物流协作中的权利、义务关系与结算方式，并与包括合作企业、政府应急物流供应机构在内的虚拟联盟成员之间建立高效的信息共享机制；其次，当突发事件发生后，灾情信息传递到应急物流管理中心，中心根据信息平台，选择合适的成员组成虚拟联盟，合理安排应急物资的筹集、采购、配送等各项工作计划，并通过网络等渠道把任务安排实时发送给联盟成员；再次，在应急物流实施过程中，应急物流管理中心针对所发生的各类状况，进行统一指挥与协调，保证应急物流任务的完成；最后，虚拟物流联盟成员之间按照协议，进行财务清算和残余责任的划归，应急虚拟物流联盟解体。

应急虚拟物流联盟协作模式能快速响应突发事件不断变化的物流需求，充分利用地方资源，是一种较为理想的应急物资保障方式。联盟的运作需要强大的信息平台作为支持。应急物流指挥中心根据信息中心提供的信息与决策方案，通过协作网络，选择合作机构，构建应急物流虚拟联盟，完成应急物资供应任务，在任务实施中起到联系、指挥与协调作用。

在物资储备环节，可建立虚拟仓库。虚拟仓库也叫网络仓库，是建立在计算机和网络通信技术基础上，能远程控制和随时调动所需物资的仓库的总和。它以仓库群的形式存在，实体组织内仍然各自管理，为应急事件的物资保障提供服务。虚拟仓库利用网络可以获得远程存货信息，并通过控制和组织获得分散的库存及储备物资的数量，对需求地所需物资进行快速整合，其信息系统可以查看是否满足应急需求，并能选择离受灾地点最近的足额库存的仓库运送物资，实现对物资需求的敏捷响应。在应急物资调度中，GPS、GIS 和虚拟仓库发挥自身的效用和功能，使其互补和衔接，高效处理应急问题，提高资源整合的效率。

虚拟仓库是一种新型的组织模式，虚拟仓库以国家储备仓库的资源为主，将拥有应对各种突发事件的资源的若干企业集结起来形成动态组织，当机会不存在时，虚拟仓库自动解体。将虚拟仓库运用到应急物资调度中，通过强调实体组织对外部资源的整合来快速响应出现的灾害，不仅打破了传统仓库组织的限制，减少了筹备物资的时间，提高了整个调度的效率，同时减轻了应急事件所带来的人员伤亡和财产损失。

五、建立应急物流系统快速反应机制

应急物流的突发性和随机性决定了应急物流系统应具有快速反应能力，具有一次性和临时性的特点。这一特点决定了应急物流系统区别于一般的企业内部物流或供应链物流系统的经常性、稳定性和循环性。应急物流需求的随机性和不确定性决定了在应急物流系统的设计上应具有开放性与可扩展性。应急物流需求和供给在突发事件发生前是不确定的，但必须在突发事件发生之后将其纳入应急物流系统中。

应急物流需求的事后选择性决定了一个高效率的应急物资信息系统和应急运输工具信息系统应该成为应急物流系统的组成部分。在突发事件发生前，建立全国范围内的以应急物资和应急运输工具为主题的大型信息系统或数据库，对于突发事件发生后应急物流系统的高效运转具有重要意义。

在应急物流系统的设计中，时间效率重于经济效益。应急物流系统要对应急物资的采购机制、运送机制进行设计，对各种运载工具的运输能力、运输路径和运送方案进行比较并给出满意方案。应急物流系统设计还应包括运用 GPS、GIS 等手段对运输过程进行控制调度。

应急物流系统的结构包括控制层、决策层、数据层和环境层四个层次，其结构如图 6－6 所示。

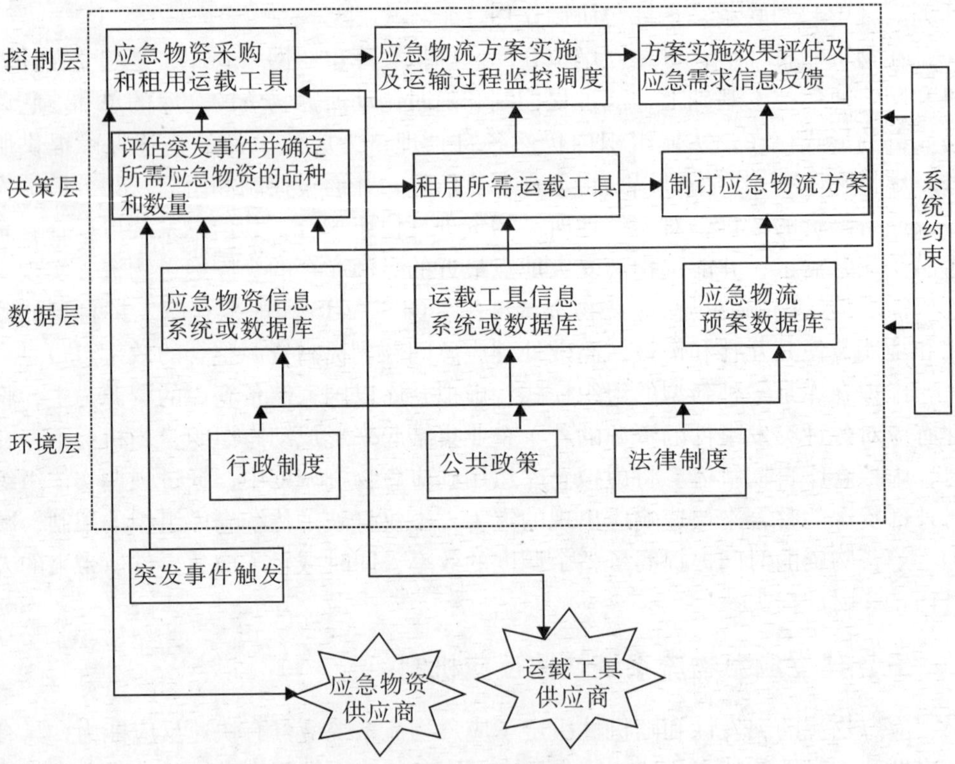

图 6－6　应急物流系统的结构

应急物流系统受到突发事件的触发后，须在尽可能短的时间内，评估事件可能造成的危害，确定所需要的应急物资的品种和数量以及应急物资的需求方。从应急物流系统的目标出发，制订包括应急物资的包装、存储、运输及配送的整套应急物流方案。根据应急采购机制，从应急物资信息系统或数据库中确定应急物资供应商，并实施应急物资采购；从应急物流运载工具信息系统或数据库中确定应急物流所需运载工具并实施租用。实施应急物资的运送，采用 GPS、GIS 手段对整个运输过程进行监控调度。

建立应急物流信息平台，使应急物流的流体充裕、载体畅通、流向正确、流量理想、流程简洁、流速快捷，使应急物资能快速、及时、准确地到达事发地。应急物流信息平台通过与各个部门及各个加盟的物流中心网络、信息系统进行连接，可以实时了解和掌握各应急物流企业的设备情况、人员情况、运营情况、运输能力、库房容量、主要业务等。应急物流部门可以在平时与物资供应公司建立密切的联系，掌握公司动向，指导其完善应急设施等；在应急情况下可根据各应急物流企业的特点，合理安排好救灾物资的筹集、采购、流通、配送等各项工作，为政府和军队提供相应的运营数据，实现应急物流的高效运作。

应急物流信息化是资源深度整合意义上的应急联动指挥，是有先进信息技术支撑的联动。运用系统集成手段，整合分散在有关应急模块中的应急物流系统，建立起上下贯通、左右衔接、军地一体的应急物流管理信息平台，分类反映地理信息、资源配置、物流通道、应急能力等翔实的综合信息。

除了加快应急物流公共信息平台建设之外，还应加大 RFID、GIS、GNSS、3G 等先进信息技术在应急物流领域的推广应用和集成创新的力度，全面提升应急物流保障的信息化水平，实现应急物流系统的快速反应。

阅读材料 6. 5

供应商的作用得到充分发挥

在 2008 年“5 · 12”汶川大地震的救援中，13 万名官兵紧急驰援灾区，物资保障需求瞬间达到峰值。军队物资采购部门迅即行动，全力以赴，一场紧急动员规模最大、涉及范围最广、品种数量最多的军队物资应急采购行动迅速展开。“5 · 12”汶川大地震发生以来，总部紧急组织采购被装、给养、油料装备、卫生器材、野营装备等五大类价值 4 亿多元的装备器材；成都军区完成了 60 余批次应急采购任务，为部队筹集到 2 100 多吨、价值千万元的食品及生活、劳保、办公和救生救护等物资，为保障抗震救灾奠定了坚实可靠、持续稳定的物质基础。在抗震救灾物资保障行动中，军队物资应急采购机制、各级采购专业队伍和供应商队伍发挥了作用，经受了考验，得到了锻炼。

总部直属物资采购机构供应商库中有 8 000 多家供应商，其中有 800 多家供应商与采购机构签订了应急采购协议。在抗震救灾应急采购保障中，55 家供应商承担了 5 批 700 多万套（件）被装物资、给养器材、军用食品、油料装备的应急生产和供货任务，他们加班加点，抓紧生产，实现了物资紧急调拨、增加预置、及时回补的良性循环。

在成都、绵阳、德阳等地，38 家供应商承担了救灾部队生活物资应急供应任务，供应范围覆盖了部队所需的肉食、蔬菜、方便食品、饮用水、劳保用品等上百个品种。在灾区交通时断时通、部队救灾任务艰巨的情况下，各种生活物资供应主要由供应商直达配送。这些供应商在成都军区联勤部物资采购部门的统筹协调下，根据部队分布情况，建立协作配送关系，平均每天派出 20 多人次、10 多车次，为部队供应生活物资 10 多吨。

物资供应商组织跟踪维修及培训服务，使各种保障装备器材保持良好技术状态。自 5 月 16 日首批两支饮食装备器材维修保障分队赴灾区为救灾部队提供饮食装备器材维修服务保障以来，总部直属物资采购机构先后协调装备研制和生产企业抽组 210 多人次，组成 32 支保障装备、工程机械抢修保养服务队，通过开设维修点、巡回维修和发放“服务联系卡”等方式，紧急维修炊事车、给养器材、油料装备、工程机械等千台（套），有效提高了部队分散救援中的后勤保障能力。

（资料来源：张冬果，刘奕等．紧急时刻显威力——军队抗震救灾物资应急采购综述［J］．中国政府采购，2008（6）：45～47.）

附录：国家自然灾害救助应急预案（节选）
（2011 年 10 月 16 日修订）

1　总则

1.1　编制目的

建立健全应对突发重大自然灾害救助体系和运行机制，规范应急救助行为，提高应急救助能力，最大程度地减少人民群众生命和财产损失，维护灾区社会稳定。

1.2　编制依据

《中华人民共和国突发事件应对法》、《中华人民共和国防洪法》、《中华人民共和国防震减灾法》、《中华人民共和国气象法》、《自然灾害救助条例》、《国家突发公共事件总体应急预案》等。

1.3　适用范围

本预案所称自然灾害，主要包括干旱、洪涝灾害，台风、冰雹、雪、沙尘暴等气象灾害，火山、地震灾害，山体崩塌、滑坡、泥石流等地质灾害，风暴潮、海啸等海洋灾害，森林草原火灾和重大生物灾害等。

发生自然灾害后，地方各级人民政府视情况启动本级自然灾害救助应急预案。达到本预案响应启动条件的，启动本预案。

发生其他类型突发事件，根据需要可参照本预案开展应急救助工作。

1.4　工作原则

2　组织指挥体系

2.1　国家减灾委员会

2.2　专家委员会

3　应急准备

3.1　资金准备

3.1.1　县级以上人民政府应当将自然灾害救助工作纳入国民经济和社会发展规划，建立健全与自然灾害救助需求相适应的资金、物资保障机制，将自然灾害救助资金和自然灾害救助工作经费纳入财政预算。

3.1.2　中央财政每年综合考虑有关部门灾情预测和上年度实际支出等因素，合理安排中央自然灾害生活补助资金，专项用于帮助解决遭受特别重大、重大自然灾害地区受灾群众的基本生活困难。

3.1.3 中央和地方政府应根据经济社会发展水平、自然灾害生活救助成本及地方救灾资金安排等因素适时调整自然灾害救助政策和相关补助标准。

3.1.4 救灾预算资金不足时，中央和地方各级财政通过预备费保障受灾群众生活救助需要。

3.2 物资准备

3.2.1 合理规划、建设中央和地方救灾物资储备库，完善救灾物资储备库的仓储条件、设施和功能，形成救灾物资储备网络。设区的市级以上人民政府和自然灾害多发、易发地区的县级人民政府应当根据自然灾害特点、居民人口数量和分布等情况，按照合理布局、规模适度的原则，设立救灾物资储备库。

3.2.2 制定救灾物资储备规划，合理确定储备品种和规模；建立健全救灾物资采购和储备制度，每年根据应对重大自然灾害的要求储备必要物资。按照实物储备和能力储备相结合的原则，建立救灾物资生产厂家名录，健全应急采购和供货机制。

3.2.3 制定救灾物资质量技术标准、储备库建设和管理标准，完善全国救灾物资储备管理信息系统。建立健全救灾物资应急保障和补偿机制，建立健全救灾物资紧急调拨和运输制度。

3.3 通信和信息准备

3.3.1 通信运营部门应依法保障灾情传送的畅通。自然灾害救助信息网络应以公用通信网为基础，合理组建灾情专用通信网络，确保信息畅通。

3.3.2 加强中央级灾情管理系统建设，指导地方建设，管理救灾通信网络，确保中央和地方各级人民政府及时准确掌握重大灾情。

3.3.3 充分利用现有资源、设备，完善灾情和数据产品共享平台，完善部门间灾情共享机制。

3.4 装备和设施准备

中央各有关部门应配备救灾管理工作必须的设备和装备。县级以上人民政府应当建立健全自然灾害救助应急指挥技术支撑系统，并为自然灾害救助工作提供必要的交通、通信等设备。

县级以上地方人民政府应当根据当地居民人口数量和分布等情况，利用公园、广场、体育场馆等公共设施，统筹规划设立应急避难场所，并设置明显标志。

3.5 人力资源准备

3.5.1 加强自然灾害各类专业救援队伍建设、民政灾害管理人员队伍建设，提高自然灾害救助能力。培育、发展和引导相关社会组织和志愿者队伍，鼓励其在救灾工作中发挥积极作用。

3.5.2 组织民政、国土资源、水利、农业、商务、卫生、安全监管、林业、地震、气象、海洋、测绘地信等方面专家，重点开展灾情会商、赴灾区的现场评估及灾害管理的业务咨询工作。

3.5.3 推行灾害信息员培训和职业资格证书制度，建立健全覆盖中央、省、市、县、乡镇（街道）、村（社区、居委会）的灾害信息员队伍。村民委员会、居民委员会和企业事业单位应当设立专职或者兼职的灾害信息员。

3.6 社会动员

准备完善救灾捐赠管理相关政策，建立健全救灾捐赠动员、运行和监督管理机制，规范救灾捐赠的组织发动、款物接收、统计、分配、使用、公示反馈等各个环节的工作。

完善非灾区支援灾区、轻灾区支援重灾区的救助对口支援机制。

3.7 科技准备

3.7.1 建立健全环境与灾害监测预报小卫星星座、环境卫星、气象卫星、海洋卫星、资源卫星、航空遥感等对地监测系统，发展地面应用系统和航空平台系统，建立基于遥感、地理信息系统、模拟仿真、计算机网络等技术的“天地空”一体化的灾害监测预警、分析评估和应急决策支持系统，开展地方空间技术减灾应用示范和培训工作。

3.7.2 组织民政、国土资源、水利、农业、卫生、安全监管、林业、地震、气象、海洋、测绘地信等方面专家开展灾害风险调查，编制全国自然灾害风险区划图，制定相关技术和管理标准。

3.7.3 支持和鼓励高等院校、科研院（所）、企事业单位和社会组织开展灾害相关领域的科学研究与技术开发，建立合作机制，鼓励减灾救灾政策理论研究。

3.7.4 利用空间与重大灾害国际宪章、联合国灾害管理和联合国天基信息平台等国际合作机制，拓展灾害遥感信息资源渠道，加强国际合作。

3.7.5 开展国家应急广播相关技术、标准研究，建立国家应急广播体系，提供灾情预警预报和减灾救灾信息的全面立体覆盖。加快国家突发事件预警信息发布系统建设，及时向公众发布自然灾害预警。

3.8 宣传和培训组织

4 信息管理

4.1 预警信息

气象局的气象灾害预警信息，水利部的汛情、旱情预警信息，地震局的地震趋势预测信息，国土资源部的地质灾害预警信息，海洋局的海洋灾害预警信息，林业局的森林火灾和林业生物灾害信息，农业部的草原火灾和生物灾害预警信息，测绘地信局的地理信息数据，都应及时向国家减灾委办公室通报。

4.2 灾情管理

县级以上人民政府民政部门按照民政部和国家统计局制定的《自然灾害情况统计制度》，做好灾情信息收集、汇总、分析、上报工作。

5 预警响应

5.1 启动条件

5.2 启动程序

5.3 预警响应措施

5.4 预警响应终止

6 应急响应

根据自然灾害的危害程度等因素，国家减灾委设定四个国家自然灾害救助应急响应等级。Ⅰ级响应由国家减灾委主任统一组织、领导；Ⅱ级响应由国家减灾委副主任（民政部部长）组织协调；Ⅲ级响应由国家减灾委秘书长组织协调；Ⅳ级响应由国家减灾委办公室组织协调。国家减灾委各成员单位根据各响应等级的需要，切实履行好本部门的职责。

6.1 Ⅰ级响应

6.1.1 启动条件

（1）某一省（区、市）行政区域内，发生特别重大自然灾害，一次灾害过程出现下列情况之一的：

①死亡200人以上。

②紧急转移安置或需紧急生活救助100万人以上。

③倒塌和严重损坏房屋20万间以上。

④干旱灾害造成缺粮或缺水等生活困难，需政府救助人数占农牧业人口30%以上，或400万人以上。

（2）国务院决定的其他事项。

6.1.2 启动程序

灾害发生后，国家减灾委办公室经分析评估，认定灾情达到启动标准，向国家减灾委提出进入Ⅰ级响应的建议；国家减灾委决定进入Ⅰ级响应状态。

6.1.3 响应措施

6.1.4 响应终止

救灾应急工作结束后，由国家减灾委办公室提出建议，国家减灾委决定终止Ⅰ级响应。

6.1.5 由国务院统一组织开展的抗灾救灾，按有关规定执行。

6.2　Ⅱ级响应

6.3　Ⅲ级响应

6.4　Ⅳ级响应

6.5　信息发布

信息发布坚持实事求是、及时准确、公开透明的原则。信息发布形式包括授权发布、组织报道、接受记者采访、举行新闻发布会、重点新闻网站或政府网站发布等。

灾情稳定前，受灾地区人民政府减灾委或民政部门应当及时向社会发布自然灾害造成的人员伤亡、财产损失和自然灾害救助工作动态与成效、下一步安排等情况。

灾情稳定后，受灾地区县级以上人民政府的自然灾害救助应急综合协调机构应当评估、核定并按有关规定发布自然灾害损失情况。

6.6　其他情况

对救助能力特别薄弱的地区，启动国家自然灾害救助应急响应的标准可酌情调整。

7　灾后救助与恢复重建

7.1　过渡性生活救助

7.1.1　重大和特别重大灾害发生后，国家减灾委办公室组织有关部门、专家及灾区民政部门评估灾区过渡性生活救助需求情况。

7.1.2　财政部、民政部及时拨付过渡性生活救助资金。民政部指导灾区人民政府做好过渡性救助的人员核定、资金发放等工作。

7.1.3　民政部、财政部监督检查灾区过渡性生活救助政策和措施的落实，定期通报灾区救助工作情况，过渡性生活救助工作结束后组织人员进行绩效评估。

7.2　冬春救助

自然灾害发生后的当年冬季、次年春季，受灾地区人民政府为生活困难的受灾人员提供基本生活救助。

7.2.1　民政部组织各地于每年9月下旬开始调查冬春受灾群众生活困难情况，会同省级人民政府民政部门，组织有关专家赴灾区开展受灾群众生活困难状况评估，核实情况。

7.2.2　受灾地区县级人民政府民政部门应当在每年10月底前统计、评估本行政区域受灾人员当年冬季、次年春季的基本生活困难和需求，核实救助对象，编制工作台账，制订救助工作方案，经本级人民政府批准后组织实施，并报上一级人民政府民政部门备案。

7.2.3 根据省级人民政府或民政部、财政部的请款报告，结合灾情评估情况，民政部、财政部确定资金补助方案，及时下拨中央自然灾害生活补助资金，专项用于帮助解决冬春受灾群众吃饭、穿衣、取暖等基本生活困难。

7.2.4 民政部通过开展救灾捐赠、对口支援、政府采购等方式解决受灾群众的过冬衣被问题，组织有关部门和专家评估全国冬春期间中期和终期救助工作的绩效。发展改革、财政、农业等部门落实好以工代赈、灾歉减免政策，粮食部门确保粮食供应。

7.3 倒损住房恢复重建

因灾倒损住房恢复重建由县（市、区）人民政府负责组织实施，尊重群众意愿，以受灾户自建为主。建房资金通过政府救助、社会互助、邻里帮工帮料、以工代赈、自行借贷、政策优惠等多种途径解决。重建规划和房屋设计要因地制宜，科学合理布局，充分考虑灾害因素。

7.3.1 民政部根据省级人民政府民政部门倒损住房核定情况，视情组织评估小组，参考其他灾害管理部门评估数据，对因灾住房倒损情况进行综合评估。

7.3.2 民政部收到受灾省（区、市）倒损住房恢复重建补助资金的申请报告后，根据评估小组的倒房情况评估结果，按照中央倒损住房恢复重建资金补助标准，提出资金补助建议，由财政部审核后下达。

7.3.3 住房重建工作结束后，地方各级民政部门应采取实地调查、抽样调查等方式，对本地倒损住房恢复重建补助资金管理工作开展绩效评估，并将评估结果报上一级民政部门。民政部收到省级人民政府民政部门上报本行政区域内的绩效评估情况后，通过组成督查组开展实地抽查等方式，对全国倒损住房恢复重建补助资金管理工作进行绩效评估。

7.3.4 住房城乡建设部门负责倒损住房恢复重建的技术支持和质量监督等工作。其他相关部门按照各自职责，做好重建规划、选址，制定优惠政策，支持做好住房重建工作。

7.3.5 由国务院统一组织开展的恢复重建，按有关规定执行。

8 附则

8.1 自然灾害救助款物监管

建立健全监察、审计、财政、民政、金融等部门参加的救灾专项资金监管协调机制。各级民政、财政部门对救灾资金管理使用，特别是基层发放工作进行专项检查，跟踪问效。各有关地区和部门要配合监察、审计部门对救灾款物和捐赠款物的管理使用情况进行监督检查。

8.2 国际沟通与协作

积极开展国际的救灾交流，借鉴发达国家救灾工作的经验，进一步做好我国自然灾害防范与处置工作。

8.3 奖励与责任

对在自然灾害救助工作中作出突出贡献的先进集体和个人，按照国家有关规定给予表彰和奖励；对在自然灾害救助工作中表现突出而牺牲的人员，按有关规定追认烈士；对在自然灾害救助工作中玩忽职守造成损失的，严重虚报、瞒报灾情的，依据国家有关法律法规追究当事人的责任，构成犯罪的，依法追究其刑事责任。

8.4 预案演练

国家减灾委办公室协同国家减灾委成员单位制订应急演练计划并定期组织演练。

8.5 预案管理与更新

本预案由国家减灾委办公室负责管理。预案实施后国家减灾委办公室应适时召集有关部门和专家进行评估，并视情况变化作出相应修改后报国务院审批。地方各级人民政府的自然灾害救助综合协调机构根据本预案修订本地区自然灾害救助应急预案。

8.6 制定与解释部门

本预案由民政部制定，报国务院批准后实施，由国务院办公厅负责解释。

8.7 预案生效时间

本预案自发布之日起生效。

参考文献

［1］高建国等．国家救灾物资储备体系的历史和现状［J］．国际地震动态，2005（4）.

［2］王志科，吕庆华．我国应急物流研究综述［J］．物流科技，2009（6）.

［3］林生．国内外应急物流系统的比较及启示［J］．重庆科技学院学报（社会科学版），2010（20）.

［4］张文峰．应急物资储备模式及其储备量研究［D］．北京：北京交通大学硕士学位论文，2010.

［5］姜超峰．应急物流中的仓储体系建立问题［J］．中国储运，2010（11）.

［6］杨文娟．区域应急物资储备研究［D］．北京：北京交通大学硕士学位论文，2009.

［7］孙秋高．仓储管理实务［M］．上海：同济大学出版社，2007.

［8］高文军，陈菊红，胡飞虎．我国应急物流研究综述与展望［J］．物流科技，2009（8）.

［9］晏士梅．应急物资管理浅析［J］．物流工程与管理，2010（5）.

［10］徐东，黄定政．应急物资储备系统建设［J］．物流技术与应用，2008（11）.

［11］张开涛，张文法．仓储管理实务［M］．北京：人民邮电出版社，2011.

［12］申纲领，王艳杰．现代仓储管理［M］．北京：电子工业出版社，2011.

［13］杜朝晖．仓储与配送［M］．哈尔滨：哈尔滨工业大学出版社，2008.

［14］钟苹，胡卫平．仓储管理实务［M］．大连：大连理工大学出版社，2009.

［15］申作兰，王波．仓储与库存管理［M］．北京：电子工业出版社，2008.

［16］叶梅．仓储管理［M］．北京：清华大学出版社，2008.

［17］高钧．仓储管理［M］．南京：东南大学出版社，2006.

［18］田源．仓储管理［M］．北京：机械工业出版社，2005.

[19] 周文泳．现代仓储管理［M］．北京：化学工业出版社，2010.

[20] 吴毅洲，宋雷．物流仓储管理实务［M］．北京：北京理工大学出版社，2010.

[21] 计国君，朱彩虹．突发事件应急物流资源配送优化问题研究［J］．中国流通经济，2007，13（2）.

[22] 孙会君，高自友．物流配送中心合理选址研究［J］．技术经济，2002（11）.

[23] 赵振亚，贺国先．基于模拟退火算法的应急物流仓库选址优化［J］．大连交通大学学报，2010（6）.

[24] 郭子雪，张强，齐美然．具有模糊约束的应急物资储备库最大覆盖模型［J］．计算机工程与应用，2010，46（24）.

[25] 傅志妍，陈坚．灾害应急物资需求预测模型研究［J］．物流科技，2009（10）.

[26] 黄轩．一种基于遗传算法的应急设施点选址方法［J］．漳州职业技术学院学报，2007，9（2）.

[27] 梁良．应急储备中心选址方案评价研究［J］．物流工程与管理，2011，6（33）.

[28] 赵成帅，卢春华．城市消防应急物资储备库选址决策模型［J］．防灾科技学院学报，2010，12（2）.

[29] 刘浪，黄有方，逄金辉．加权网络应急物资储备点选址方法［J］．北京理工大学学报，2011，31（2）.

[30] 宋则，孙开钊．中国应急物流中横测研究（上）［J］．中国流通经济，2010（4）.

[31] 钱佳．应急物资特性及其库存管理研究［J］．物流科技，2009（7）.

[32] 李雪娇，张军．应急物流预案与演练［J］．物流技术与应用，2009（1）.

[33] 施平，郎永富，李肖钢．应急物流预案与演练［J］．福建论坛（社科教育版），2010（4）.

[34] 聂彤彤．物流网络环境下应急物流中心能力评价指标研究［J］．山东经济，2011（3）.

[35] 史玉洁．浅析 AHP 法在应急物流预案选择中的应用［J］．经营管理者，2009（2）.

[36] 秦杰．浅谈化工企业事故应急救援预案的制定［J］．新疆化工，2009（3）.

[37] 栾盈菊．应急预案的编制与实施——以 2008 年南方低温雨雪冰冻灾

害为例［J］．江西蓝天学院学报，2008（S1）．

［38］安玉红，苗国英．突发性事件应急预案的演练［J］．武汉电力职业技术学院学报，2010（3）．

［39］廖声银，江鸿彬．初论突发地质灾害应急预案的管理［J］．中国地质灾害与防治学报，2009（12）．

［40］潘恒，张乐．从“汶川大地震”看我国应急物流管理［J］．北方经贸，2010（1）．

［41］黄毅宇，李响．基于情景分析的突发事件应急预案编制方法初探［J］．安全与环境工程，2011（3）．

［42］马新，陈涛，黄钧．建立全社会应急物资储备体系的若干重要问题［J］．工程研究：跨学科视野中的工程，2011（3）．

［43］陈国华，张新梅，金强．区域应急管理实务——预案、演练及绩效［M］．北京：化学工业出版社，2008．

［44］计雷等．突发事件应急管理［M］．北京：高等教育出版社，2006．

［45］韩松，谢慧等．应急物流理论与实务［M］．北京：化学工业出版社，2010．

［46］陈安等．现代应急管理理论与方法［M］．北京：科学出版社，2009．

［47］王丰，姜玉宏．应急物流［M］．北京：中国物资出版社，2007．

［48］邹逸江．国外应急管理体系的发展现状及经验启示［J］．灾害学，2008（3）．

［49］韦琪．面向自然灾害的应急物流信息系统构建［J］．中南财经政法大学学报，2010（4）．

［50］王旭坪，傅克俊，胡祥培．应急物流系统及其快速反应机制研究［J］．中国软科学，2005（6）．

［51］姜玉宏等．应急物流中应急物资的管理研究［J］．物流技术，2007（6）．

［52］薛梅，胡志娟．我国应急物流系统构建研究［J］．经济论坛，2010（7）．

［53］徐东，黄定政．应急物资储备系统建设［J］．物流技术与应用，2008（11）．

［54］刘志华．区域性应急物流中信息系统建设研究［J］．科技广场，2008（9）．

［55］李明，吴耀华．应急物流信息平台功能框架研究［J］．物流技术，2010（7）．

[56] 卢冰原，何力，彭扬．城市应急虚拟物流联盟智能化信息平台模型研究［J］．情报杂志，2011（10）.

[57] 詹晓勇，朱汉民．虚拟物流企业的组建与运行分析［J］．武汉理工大学学报（社会科学版），2004，17（6）.

[58] 黄秋爽等．基于虚拟物流联盟的军地物流一体化研究［J］．军事交通学院学报，2011，1（13）.

[59] 李静宇．打造全国统一的公共数据平台——专访应急物流专业委员会科技信息部主任黄惠良［J］．中国储运，2010（11）.

[60] 张杨．完善我国应急物资管理的若干问题探讨［J］．物流工程与管理，2011（1）.